中国传统文化与未成年人精神成长丛书

礼俗之道

傅书华◎主编
高忠严◎编著

【中国古代的风俗礼仪】

希望出版社

图书在版编目(CIP)数据

礼俗之道：中国古代的风俗礼仪 / 高忠严编著. --
太原: 希望出版社, 2012.6
(中国传统文化与未成年人精神成长丛书)
ISBN 978-7-5379-5862-2

Ⅰ. ①礼… Ⅱ. ①高… Ⅲ. ①礼仪－风俗习惯史－中国－古代－青年读物
②礼仪－风俗习惯史－中国－古代－少年读物 Ⅳ. ①K892.26-49

中国版本图书馆CIP数据核字(2012)第101088号

中国传统文化与未成年人精神成长丛书

礼俗之道

——中国古代的风俗礼仪

傅书华◎主编 高忠严◎编著

出版人 / 梁萍
出版发行 / 希望出版社
地址 / 山西省太原市建设南路21号
邮政编码 / 030012
责任编辑 / 田俊萍
复审 / 陈炜
终审 / 孟绍勇
美术编辑 / 王蕾
装帧设计 / 韩石 汝俊杰
责任印制 / 刘一新

总经销 / 希望出版社发行部
0351-4123120
经销 / 各地书店
制作 / 北京鑫联必升文化发展有限公司
印刷 / 山西省教育学院印刷厂

开本 / 890mm × 1240mm 1/32
印张 / 9.5
版次 / 2012年6月第1版
印次 / 2012年6月第1次印刷
书号 / ISBN 978-7-5379-5862-2
定价 / 18.05元

编者的话 BIAN ZHE DE HUA

之所以编辑这套丛书，实在是来源于时时涌上心头且挥之不去的对现实的危机感。

从没有像现在这样，我深感当今未成年人精神成长的缺失。随便放眼看看，当今未成年人的生理成长、知识成长甚至心理成长都已经得到社会及家长的普遍重视，唯独未成年人的精神成长却至今未能引起大家的关注。不是吗？你看，即使是出生、成长于一般家庭的孩子，他的物质生活的条件，也还是能够满足他生命发育成长过程中所需要的物质需求的，至于出生、成长于家境较好的家庭中的孩子，营养过剩而偏于肥胖的更不在少数。大体说来，基于营养的健全，这一代未成年人较之他们的父母一代，其身体发育普遍提前、普遍超标应该是一个不争的事实。说到知识成长，你只要看看这一代未成年人那沉甸甸的书包，看看双休日他们频频出入于各种补习班的身影，听听那“现在最辛苦的就是中小学学生”的无奈感叹，你也就大略可以知晓，现在对未成年人的知识灌输是如何地慌不择路、饥不择食了。至于未成年人一代的心理成长，伴随着心理问题的频频产生，他们的心理健康问题总算是被大家认识到了，虽然补救的措施依旧不够得力，但总算在电视媒体上时时出镜，总算在家长的口头上也时时提及了吧。但时至今日，我们还很少听到关于这一代未成年人精神成长的话题。精神成长，在许多人的心目中，还是一个玄虚的话题，还是一个模糊的话题，而究其实，精神成长已然成为当今一代未成年人长大成人的时代性危机：生理上的提前成人，使他们精力充沛却不知将精力用于何处，甚至如纽曼所说，“如果他们话多，必乱说无疑”。知识上的强力灌输，使他们在这样一个技术至上的时代，越发将知识作为换取世俗功利的手段，甚至在极端情况下会不择手段。心理的成长，虽然使他们在自我与外部失衡的情况下，可以有效地做自我心理上的调节，但却离心智的成长相去甚远。明乎此，我们才会明白，精神的成长，是灵魂的健全，是人格的生成，是公民意识的培育，是对人的生命的自由实现的自觉意识的形成。既不同于传统的老中国，又不同于现代的西方国家的新的中国，需要的正是这样有着健全灵魂的一代新人。

精神的成长不是凭空地进行，需要汲取各种精神资源，但这些精神资源，不是那种换取世俗功名的“实用知识”，而是着意于“自由人”得以成长、形成的“自由知识”。概而言之，传统文化、现代文化、西方文化，都是新的一代未成年人所应该充满兴味地去有所涉猎的。而现在，当今的这一代未成年人，对此却缺乏应有的了解。网络的平面化、共时化，正在消解传统文化、现代文化以及西方文化对未成年人精神的深度滋养。我们常常看到，这一代未成年人，在时尚的潮流中，似乎无所不知、无所不晓，但一旦进入历史文化的深处，则两眼茫然、不知所措。与此同时，我们也看到，学术贩子、学术掮客在当今大行其道，真正的学术研究者却又深居“象牙之塔”，随之而来的是，未成年人精神成长过程中急需的健康的精神营养品，在文化市场中难觅其踪。

上述的时代危机，与哲社人文界“重研究、轻应用”的时弊密切相关。

哲社人文研究队伍人数众多，硕果累累，研究的深入程度、进度，也足以令人刮目相看。但这些成果又有多少转化为对公众精神需求的满足呢？当今哲社人文的许多评价体系，套用自然科技的办法，弊端多多，是这个时代自然科技吞噬哲社人文的显著标志。但是，也不完全如此。科技界特别注重将其成果、发明、专利转化为市场效益，相比之下，哲社人文界却缺乏这种意识。或许是中国传统的哲社人文研究“书上作书”的历史太过悠久，亦或许是其依附权力、体制的历史惯力过强，我在这里不作深入研讨，但根据目下哲社人文领域的现状，作出“重研究、轻应用”的判断大致还是不错的吧。这种“重研究、轻应用”，还表现在哲社人文界生产力分配的不平衡：现在全国哲社人文类的学术、文化期刊，包括各级高校的学报，数量众多，但这些文章中，如果不是绝大多数，起码有许多是刊发完了即作完结的吧。许多的研究者，宁肯耗尽自己的有限精力，写几篇上述类型的文章，而绝不肯把精力用于对新的学界成果做普及转化的工作。于是我们看到：一方面，是学术垃圾、文字垃圾比比皆是；另一方面，在前述未成年人精神成人危机面前，适合他们的精神读物，却少之又少。

令人沮丧的还远远不止如此。就是在这少之又少的提供给未成年人的精神读物中，文字模式化、格式化、干瘪无味的也不在少数。人的精神世界原本是鲜活的，充满生机的，满足人的精神成长需求的文字，也应该是如此的吧。但打开各种标榜有文化内涵、精神内涵的书刊，却又时时看到两类不堪卒读的文字：一类是没有精神深度的平庸不堪的时尚文字，一类是貌似深刻的“八股文字”。用这样的文字，又怎么能够在未成年人的精神成长的需求中，给他们以新鲜、充盈的精神滋养呢？

正是基于这种时时萦绕于心的危机感，我心中时时萌生着一种神往：神往于上个世纪30年代开明书店出版的由叶圣陶编写的《开明国语课本》以及由朱自清等著名学者编写的一系列的青少年读物；神往于朱光潜所写的《谈美——给青少年的十三封信》；神往于上个世纪60年代的《十万个为什么》；神往于大学者能有献身的精神，用大手笔为未成年读者写出的小文章；神往于那种深入浅出、生动活泼的哲社人文类文章……

于是，在神往中，有了“千里之行，始于足下”的冲动，从而才有了这套丛书的编写和出版。虽然，我们的努力，离预期目标还有差距，但无论如何，总算是有了引玉之砖了。我们期盼着有新的“开明书店”出版的未成年人读本，有新的《谈美——给青少年的十三封信》，有新的《十万个为什么》，更希望有对上述这些经典读本的超越。在此，我还要真诚地感谢希望出版社，感谢他们能有真诚的心灵，广阔的眼光、胸怀，出版了这套《中国传统文化与未成年人精神成长丛书》。

让我们继续努力，让我们充满期待，让我们切切实实地“救救孩子”。

2011. 12

目录 MU LU

导读 DAO DU

风俗礼仪是世代传承的群体性的生活文化，它伴随着人类生活的始终，有着漫长的历史。中国是一个地域辽阔的大国，又是拥有五千年历史文化的文明古国，在其发展进程中，经历了多样的社会形态，又融汇了众多的民族及其丰富的文化。其中风俗是中国传统文化的重要部分，所以中国被誉为“礼仪之邦”。各个民族适应各自的自然环境和历史发展条件创造出独特的风俗礼仪文化。正是由于各个民族和各个区域礼俗的差异性，才造就了丰富多彩的中国民间风俗。中国的礼俗文化不仅对中华民族的发展有巨大推动作用，对整个世界也产生了深远的影响，比如中国的传统礼俗文化在日本、韩国等国保存很多。毫无疑问，它将在社会生活和国际交往中继续发挥其积极作用。

开章明义：何谓风俗礼仪

风俗礼仪对整个社会的发展和人们的日常生活都有重要意义。谈到风俗礼仪，我们先要了解它的含义。风俗礼仪包含两个方面的内容，一个是民间风俗，一个是社会礼仪，二者都从生活中产生，但又有所区别。

所谓风俗，是指在某一特定的社会文化区域内人们所共同遵循的行为模式或社会规范。中国自古以来就有重视民间风俗的优良传统，许多早期的史书都提到了风俗的重要意义。《汉书》说“观风俗，知得失”，《新唐书》说“为政必先究风俗”，这些都成为历代国君恪守的金玉良言。统治者不仅会亲自过问风俗民情，还委派官吏到各地考察民风民俗，比如《诗经》中的国风部分就是周代乐官到民间搜集歌谣，了解各诸侯国政治和风俗的盛衰利弊而形成的。在制定国策时统治者都把这些风俗作为重要的参照，并由史官载入史册。对普通百姓来说，每到一个地方，都要根据当地的习俗行事，了解该地忌讳和禁止的事情，避免违背了当地的风俗习惯，这也就是人们常说的“入乡随俗，入国问禁”。

另外，值得一提的是，在汉语中“民俗”和“风俗”的内涵是很接近的。不过，“民俗”一词侧重于“俗”的主体，即民众，而“风俗”一词则侧重于“俗”的特性，即容易流传的特征。所以在书中很多情况下，“民俗”和“风俗”是可以通用的。

礼仪是中国传统文化的重要组成部分，它是人们在日常生活和社会交往中形成的行为规范，为社会群体所共同遵守。礼仪与典章制度的内涵比较接近，在传统社会，礼仪主要是针对贵族来说的，但随着社会的变迁，很多礼仪渐渐转化为社会一般民众的行为规范。

风俗礼仪在中国历史上曾经起过重要的作用，中国古代"礼"与"俗"是紧密联系在一起的，上层统治者总是把民间的"俗"规范化、体系化，并设官员加以管理。"一部《周礼》，与其说是周代的礼制礼法，不如说是周代民俗的礼制化和官制化"。[①] 应劭在《风俗通义》的序中说："为政之要，辩风正俗，最其上也。"正因为如此，统治者才会强调移风易俗，突出其教化的功能，"在儒家思想的指导下对礼和俗进行了整合就是礼俗"。[②]

风俗和礼仪在社会发展过程中，二者之间的界限越来越模糊，上层统治者高举礼仪的旗帜，通过以礼化俗的过程，把其推崇的社会观念形态推向整个社会，使民众的世俗生活理性化，成为民众习而不察的日用之学。所以，二者相互依存、彼此影响、共同发展，并加强了上层文化和下层文化之间的双向交流，同时强化了民众的地方认同、

---

① 张紫晨：《中国民俗学史》，长春：吉林文史出版社，1993 年第 1 版，第 37 页。

② 刘志琴：《礼俗文化的再研究——回应文化研究的新思潮》，载《史学理论研究》，2005 年第 1 期，第 42 页。

民族认同和国家认同，增强了中华文化的凝聚力。

目前，我国正处于经济飞速发展的重要时期，我们不仅要大力发展社会的物质文明，同时也要积极进行精神文明的建设。因此，研究中国古代的礼俗文化，具有重要的现实意义。中国风俗礼仪中有很多优秀的成分，比如，重视天人合一，提倡尊老爱幼、孝敬长辈，强调仪容仪表、礼待宾客等。这是在长期的社会生活中形成的为民众所共同遵守的公共规范，是祖先留给我们的非常珍贵的精神文化遗产。它不仅在过去潜移默化地影响了人们的生活，同时对后世礼俗的发展也将产生直接影响。

独特的风景：中国古代风俗礼仪的特征

中国有古老的文化传统，历史上各个时期都有丰富的风俗，而且各地各民族的风俗礼仪都有其独特性，渗透到日常生活的方方面面。与每个人一生的重要阶段相对应，同时也适应每个地方的自然环境和历史文化传统，从衣食住行等生活的各个方面都有详细的风俗和礼仪。其中，最主要的风俗礼仪有：服饰礼俗、饮食礼俗、居住礼俗、人生礼俗、祭祀礼俗、家庭礼俗、禁忌礼俗等。这些礼俗在人的发展和社会的发展方面都有一些既定的规范和标准，促使人们依照这些风俗礼仪行事。它的重要性是不言而喻的，也是经过了历史的验证的，同时历朝历代的统治者都非常重视利用这些风俗礼仪来对民众进行教化，以巩固自己的统治。

● 民族性

正如歌中所唱的“五十六个民族，五十六枝花”，中华民族有几千年的文明史，形成了丰富的礼俗文化。每个民族的风俗习惯都有自己的民族特色，成为世界上一道亮丽的风景线。当然，同一类礼俗在不同的民族也会有不同的表现方式和特点。以服饰礼俗为例：汉族多年延续的是秦代以来大襟、右衽、交领、宽袍大袖、博衣裹带的服装样式。蒙古族服饰则以首饰、长袍、腰带和靴子为四个主要部分，男子着长袍和围腰，妇女衣袖上绣有花边图案，上衣高领。回族服饰的特色主要体现在头饰上，男子多戴白色或黑色、棕色的无檐小圆帽，妇女多戴盖头。维吾尔族的花帽是其服饰的标志特色，早在唐代，西域男性多戴卷檐尖顶的毡帽，款式很像当今的“四片瓦”。后来经过各地维吾尔族人民的不断创新，花帽做工越发精细，品种更为繁多，但主要有“奇依曼”和“巴旦姆”两种，统称“尕巴”（四楞小花帽）。

● 地方性

俗话说："十里不同风，百里不同俗。"中国辽阔的地域孕育了丰富的礼俗，其内容、形态各具特色。每一区域因为所处地理环境的差异，生产、生活方式的不同，形成各具特色的礼俗。比如在饮食方面，北方冬季异常寒冷，因此他们的饮食中脂肪和蛋白质含量高的食物所占比重大，尤其在牧区，蒙古族牧民的饮食以奶制品、肉类等为主。南方人的饮食以植物类为主，居民有喝菜汤、吃稀饭的习惯。海南人一般要在饭前喝汤，喝过汤之后才吃饭，在酒足饭饱以后，还要再喝碗汤，才算吃完一顿完整的饭。而在高寒的青藏高原上，青稞是藏民主要种植的作物和主食，同时为了适应和抵御高寒的高原气候，能增加热量的酥油茶和青稞酒也成为藏族人民生活中不可缺少的饮料。除了食材原料上的区别，制作风味上也有偏好，"南甜、北咸、东辣、西酸"是最简要的概括。

● 传统性和阶层性

我国曾经历了漫长的封建社会，系统的封建思想体系使社会的风俗礼仪也带上了浓重的封建色彩。例如：在封建社会妇女的社会地位非常低，甚至被看做是男子的附属品。为了在各个方面约束妇女的行为，在男女婚姻方面提出了男子可以休妻的七个条件，即“七出”，分别是：无子、淫佚、不事舅姑、口舌、盗窃、妒忌、恶疾。也就是说，如果妇女不能生育儿子，和丈夫以外的男子私通，不孝顺公婆，太多话，藏有私房钱，好妒忌或者患了严重的疾病，都有可能被丈夫休掉。在丈夫去世后，妻子还要为其守节，终身不得再嫁。

风俗礼仪也有明显的阶层性特征，以服饰文化为例，在几千年的封建社会里，服饰有区别尊卑贵贱的作用，成为统治者向民众实施教化的手段。服饰的质地、颜色是社会等级差别的一个标志，也是权力和地位的象征。按照阴阳五行原理，皇帝管理东西南北四方，处于中央位置，对应着金木水火土的“土”，所以其服饰以黄色为主。皇帝的衣服叫“黄袍”，皇帝颁布的文告叫“黄榜”。青衣在唐代是中下层官员的服装，大诗人白居易在他的《琵琶行》中有“坐中泣下谁最多，江州司马青衫湿”的句子，这是因为诗人在元和九年（814 年）被贬到青州做司马，官位九品，所以以“青衫”自称。服饰的质地与人们的生活水平有很大关系，统治者或贵族都穿制作精美的丝织品，穷苦百姓则穿粗糙的葛麻衣服。富家子弟常穿纨绔，纨是用很细的丝织品所做的裤子，所以人们用“纨绔子弟”来指称游手好闲的富家子弟，而清苦的百姓因为穿的是用葛麻做的衣服，被称为“布衣”。

●传承性和变异性

中国的传统节日植根于上千年农耕文化的土壤中，一旦形成就有很强的生命力，会一代一代传承下去。尽管有的风俗会因国家制度的规定可能短时期内消失，但是只要符合民众生活的需求，符合社会民众的心理，它们就像旷野上的野草一样顽强，一旦遇到合适的环境和土壤就会复苏。这些礼俗代代相传，不易消亡。

礼仪是一种特定社会历史的产物，具有鲜明的时代特征。一方面，它是在人类生存和交往活动中逐步形成、发展和完善的，绝不会空穴来风、一蹴而就，更不会彻底脱离特定的地域环境和社会历史背景而产生；另一方面，礼仪形成后也不是一成不变的，随着时间的推移、社会的进步，会出现新的问题和新的环境，又要求风俗礼仪有所变化、有所进步，以适应新形势下新的要求。与此同时，随着各个区域民众和各民族群体之间的交往日益密切，他们的风俗礼仪也随之不断地相互影响、相互渗透，从而吸纳新的内容，这就使风俗礼仪具有变异性。比如腊八节，最初是祭祀祖先和神灵的祭祀性节日，其主旨是庆祝丰收、感恩祖先和神灵的保佑。后来佛教传入中国后，又附会了佛教的创始人释迦牟尼的传说。说释迦牟尼成佛之前，游历印度的名山大川，在农历腊月初八这一天到了北印度的摩揭陀国。他又累又饿，晕倒在地，这时一位牧女把自己带的糯米粥送给释迦牟尼吃，吃完后释迦牟尼精神大振，后来就在这里的菩提树下成佛了。为报答牧女的救命之恩，每年腊月初八这一天佛家都要聚集门徒念经，吃糯米粥，以作纪念，这个传说从此增加了宗教的色彩。

把握风俗的这一特征，有助于我们用发展和变化的眼光去对待它，不搞“教条主义”，使之能与时俱进，跟得上时代的步伐。

框架构建：本书的写作思路

因为民俗是我们生活于其中的文化，既不纯粹是历史的遗物，也不全是今日的创造。它起始于远古社会却又贯穿于今天的社会当中。在当今全球化和国际化的背景下，外来文化正从各个方面冲击着中国的本土文化，我们了解过去的民俗文化是为了创造更健康、更丰富灿烂的民俗文化，这在增强民族凝聚力、提高民族自信心以及形成本民族独特的观念、意识、思想、道德等方面都曾发挥过重要的作用，有积极的社会意义。未成年人是国家的未来、民族的希望，本书是面向未成年人的普及作品，笔者从以下思路来构建框架：

• 全方位展示，多角度阐发

中国古代民俗文化有着丰富的内容，各民族各地区的风俗礼仪都有其特殊性，那些似曾熟悉的习俗和场景总会激发人们无限的遐想和更多样的话题，从而激发读者的阅读兴趣。因此，本书主要是从内容分类方面对中国古代风俗礼仪作细致的阐述，并力图挖掘背后的文化内涵，而不以历史分期为据构架全书。对古代风俗礼仪的探讨，尽量做到让读者不仅知其然，还知其所以然。风俗礼仪有传承性的特征，古代的风俗礼仪可能会在现代语境中以变化了的面目出现，所以本书在阐释风俗礼仪时会突破地域和民族的界限，展示中华大地上广阔领域内的风俗礼仪。以此为出发点，本书将从人生仪礼习俗、服饰文化礼俗、饮食风俗礼仪、居住习俗礼仪、敬老习俗礼仪、节日风俗礼仪、禁忌习俗七个方面来安排结构，力图展示中华民族丰富多彩的风俗礼仪画卷，让读者在欣赏多彩礼仪的同时获得思想的培育和传统文化的熏陶。

●贴近现实生活

生活是风俗礼仪的源泉，风俗礼仪是对生活意义的揭示和演习。现代社会里，不论男女老少生活节奏都非常快，我们往往疲于应付日常的琐事，而很少去关注生活细节的意义和传统生活的价值模式。风俗礼仪的很多内容是关于衣食住行、服饰器用的习惯、规定和约束，尽管现代的生活与历史上有较大的差别，但本书在章节具体内容的选择上尽量避免编排已经彻底消失的陈规陋俗，而集中选取安排与现代生活密切相关的内容，在风俗礼仪事象的介绍和解读上贯穿古今，不让读者产生太大的距离感。

●寓教于乐，开阔视野

本书充分考虑到读者——尤其是未成年人——的接受能力，行文方面尽量做到通俗易懂、生动活泼。同时，摒弃传统教科书对风俗礼仪进行过多理论阐释的做法，以具体的例证来展示中国古代丰富多彩的风俗礼仪，使读者在轻松的阅读中获得精神上的教益。

古代中国已经离我们远去，当今社会的发展日新月异，风俗礼仪也随之呈现出崭新的面貌，但无论如何变迁，它总有自己的根脉，读者诸君可以从中看到现今社会风俗礼仪的源头，也能从中汲取有益的成分。

第一章

风俗礼仪的发展历程

风俗礼仪在先秦经过了长期的孕育，在秦汉时期初步形成，在魏晋南北朝时期经历了变异和重构，隋唐时期不断地整合与发展，五代宋元时期又经历了一次变异与重构，明清时期再次整合与发展。清代后期，由于西方文化的进入，风俗礼仪开始了由古代风俗礼仪向现代风俗礼仪的历史性转变。

哪里有人，哪里就有风俗，风俗礼仪顺应人们的生活需要而产生。中国的风俗礼仪产生于独特的自然和文化环境之中，与中国民众的生活方式息息相关。风俗礼仪在社会发展过程中，会不断受到时间、空间及其他各种因素的影响。古语有云，“五帝不袭礼，三王不沿乐，此因时而异者也”，而“千里不同风，百里不同俗，此因地而异者也”。

秦汉以降，汉族风俗一直以礼俗的形式呈现出来，除丧葬礼外，还有婚礼、诞生礼、冠礼、寿礼、祭礼、社交礼及年节中的礼仪等，不一而足。礼代表着上层文化的建制，而俗则代表着一般民众生活所遵循的风俗。在我们所经历与熟知的诸多风俗事象中，总是俗中见礼、礼中含俗，难以区分。风俗礼仪是上层文化和下层文化不断互相交流、融合的结晶，礼向下扩张渗透影响民众生活，而俗也会上升为国家礼制。

中国古代的统治者非常重视考察民风民俗，自古以来有“观风问俗”的制度传统。《礼记·王制》记载，君王“命太师陈诗，以观民风，命市纳贾，以观民之好恶，志淫好辟”。唐太宗时置观风俗使，巡行天下，之后历代沿袭，几成定制。在观风问俗的基础上，历代朝廷都重视移风易俗。《礼记·乐记》：“移风易俗，天下皆宁。”礼俗互动是中国风俗礼仪发展变迁的重要特点，以礼化俗是传统社会中有效的社会控制手段。礼俗教化沟通着政府与民间、精英与民众，树立了许多为社会各阶层共享的价值观念。中国古代有胥老摇铃之制、三老之制等以礼化俗的教化方式，一直延续至清。而观风问俗，则是行政者的必备能力。礼俗教化传统对整个社会都有巨大的渗透力量，所谓“上以风化下”，宋以后尤甚。相应的，民间的风俗也会影响上层礼制的建立和调整。

秦灭六国后，统一了政治、思想、文化和风俗礼仪。秦王朝在秦国风俗礼仪的基础上，吸收、借鉴六国的礼仪，形成所谓“秦礼”，用来规范当时人们的社会生活，矫正各地的风俗。汉代将“三纲五常”确定为伦理规范、社会秩序的最高准则，明确提出“君为臣纲、父为子纲、夫为妻纲”，强调社会的贵贱、尊卑、长幼、亲疏之别。这一时期创制出了许多礼仪，如叔孙通起朝仪、定宗庙仪法；武帝草巡狩、修郊祀、建封禅、兴大学；刘歆、王莽营明堂、辟雍；东汉明帝时定南北郊、冠冕、舆服制度等。这些礼制文化不仅规范了上层社会的风俗礼仪，也向整个社会扩散，对民众生活产生重大影响。比如，汉代日常生活中的冠、婚、丧葬、乡饮、大射、投壶等习俗，就明显地受到上层礼制的影响。又如，民间本流行正月初一食鸡蛋的习俗，但南朝梁武帝信佛，认为鸡蛋是小荤，下令禁止，于是这一习俗后来就湮没无闻了。

上层的风尚喜好也会对民间的风俗礼仪产生影响，所谓“上有所好，下必甚焉”。《后汉书·马援传》载：“城中好高髻，四方高一尺。城中好广眉，四方且半额。城中好大袖，四方全匹帛。”白居易《时世妆》：“时世妆，时世妆，出自城中传四方。”王安石则认为：“京师者，风俗之枢纽也……旦更奇制，夕染诸夏。”

另一方面，民间风俗文化也促使上层礼制作出调整和修改。上层文化对俗加以吸收，并上升为礼。比如，古代礼制规定“婚礼不举乐”，但到了魏晋南北朝时期，民间婚礼纷纷奏以鼓乐，这一习俗为统治者所吸收，后世婚礼举乐就成为礼制的一部分。又如，古礼并无寒食墓祭的例行规定，但在唐代无论士庶百姓都于此日大举墓祭，后来朝廷就下诏把寒食墓祭纳入礼制，“永为常式”，并且还针对这一习俗活动制定了朝廷官员的放假制度，以便他们回家扫墓祭祖。又如过生日，本来只在民间流行，最早的史籍记载见于魏晋南北朝时期。隋唐时，连皇帝也过起了生日，并名之曰“千秋节”，成为全国性的庆典。到了宋代，以皇帝生日而定的节日全进入了礼制文化的范畴，生日风俗也就被提升到了礼的高度。

中国风俗礼仪的发展，尤其是汉族风俗礼仪的发展还受到儒家文化的影响。许多风俗事象形成于初民社会，或呈一种原始信仰的形态，或带有野蛮、粗犷的风格，在发展历程中逐渐理性化、文雅化、儒化。在秦汉时人的日常生活中，儒家的影响渗入到民间时俗的方方面面。以饮食风俗为例，先秦儒家饮食礼仪对汉代产生了较大影响。从汉代画像砖、画像石、帛画、壁画中常见的宴饮图来看，汉代普遍遵循着一套饮食礼仪，其中最重长幼、尊卑、亲疏、贵贱，做到了循序有别。《史记·武安侯列传》上记载，丞相田蚡举办家宴时，田蚡坐在东向的首席上，他的哥哥坐在仅次于他的南向座位上。身为丞相的田蚡不能因为哥哥在场而违礼，因为他的官位比他哥哥高，只有东向坐才符合他的丞相身份。秦汉时期的婚姻家庭生活更是被纳入儒家的伦理道德规范中，人们对婚仪“六礼”的遵循便是一例。

多元交融是风俗礼仪发展的另一个重要特征。春秋战国时期，赵武灵王“出胡服令”，实行“胡服骑射”，大大改变了中原地区的服饰风俗礼仪，带来了中国服饰的一场变革。而葡萄、胡麻、胡椒、胡饼等的引入，则影响了饮食风俗礼仪的发展，琵琶、胡笳、笛等乐器也大大丰富了中原的音乐。据《后汉书·五行志》记载，汉灵帝“好胡服、胡帐、胡床、胡坐、胡饭、胡箜篌、胡笛、胡舞，京都贵戚皆竞为之”。魏晋南北朝是胡汉风俗大交汇、大融合的时期，北方少数民族胡坐的流行，改变了汉民族自古以来席地而坐的习俗；袴褶的流行则改造了传统的袍衫之制。在近代的中西文化交流中，中国传统的风俗礼仪也发生了许多改变。

中国风俗礼仪的发生、发展、演变过程可以大略分为以下六个阶段：先秦、汉魏六朝、隋唐、宋辽金元、明清以及近现代。

风俗礼仪在先秦经过了长期的孕育，在秦汉时期初步形成，在魏晋南北朝时期经历了变异和重构，隋唐时期不断地整合与发展，五代宋元时期又经历了一次变异与重构，明清时期再次整合与发展。清代后期，由于西方文化的进入，风俗礼仪开始了由古代风俗礼仪向现代风俗礼仪的历史性转变。

朴野简略：上古民俗的起源与原生形态

民俗是人类最基本的文化样态，起源于人们生存的基本需要，包括物质生存的需要和精神生活的需要。自从有了原始人群，便有了民俗文化。民俗是原生态的文化，它与人的身体特性和自然环境有着极为密切的关系。那时候的人们出于生存需要，形成了各种衣食住行的习俗，同时他们也会根据自己的感受想象世界、编织世界，由此形成丰富的文化习俗。

上古民俗具有朴野简略的特点：一方面，此时的习俗生活是全民性的；另一方面，原始信仰支配着人们的精神生活，并对当时的社会生活产生重要影响。同时我们还可以看到，上古民俗朴野生动，充满了生命的力量。

上古民俗经历了旧石器时代与新石器时代两大时期。旧石器时代，“未有丝麻，衣其羽皮”，人类食肉寝皮，打制石器，以简单的捕捞、狩猎、采集为生。那时已经有了集中安葬死者的葬俗。距今约 18000 年前的山顶洞人的尸体上撒有赤铁矿粉，周围还陪葬有简单的生产工具，说明当时的人们已经有了灵魂的观念。婚姻习俗也从族内群婚发展为族外婚。新石器时代农业文明的发展，使人类从完全依赖自然发展为可根据季节、时令等利用自然，同时人们的居住方式也由游牧变为定居。定居方式的确立为社会组织的发展，社会分工的进一步扩大，文化成果的积累与丰富奠定了物质基础。这一时期，手工业的发展是社会进步的重大标志，不仅为农业提供了灌溉工具，而且还提供了生活器具与器皿，人们可以利用陶器来煮东西，奠定了后世的饮食习俗。麻纺与丝纺的发明和发展，则促进了服饰文化礼俗的发展，服饰在上古社会渐渐成为祭祀与身份的标志。这一时期，玉器是重要的礼器，具有祭祀的功能。同时，在新石器时代，氏族组织发展，母系氏族繁荣，原始宗教活跃，自然崇拜、灵魂信仰盛行。

◇饮食习俗

上古社会，人们饮水最初依赖自然水源，因此大多数的聚落都分布在河流的枝杈，后来逐渐出现了凿井而饮的方式。这一时期的水井形制多样，有浅坑水井、圆形竖穴井、木筒浅井、圆形木构深井、圆形深井、方形木构井等，并发展出了与饮水有关的习俗，如夏至淘井换水。茶和酒在那时都已出现。黄河流域及以北地区的人们以粟、黍为食；黄河流域以南地区的人们则种植水稻。从考古发现可知，此时已经出现了丰富的食品加工工具，如石锅、石磨盘、杵臼等。杵臼的发明，标志着当时的人们可以对粮食进行更精细的加工。根据文献记载，上古有多种烹饪技法，包括石燔法、炮烧法、石烹法、竹筒煮食法、蒸煮法等。多种烹饪工具和餐具都已出现，如釜甑、饭铲、饭勺、匕等。

◇服饰习俗

传说黄帝发明了衣裳。新石器时代，先民们已经发明了骨针、纺轮等服饰制作工具，以及头衣、体衣、足衣等服饰。同时还有各种体饰，如头骨变形、扁头等头饰，披发、编发、结发等发饰，佩戴耳环、玉玦等耳饰，以及绘面、文身等身体装饰。

◇居住习俗

最初，人类如其他动物一样，野处群居。《周易》载："上古穴居而野处。"晋代张华《博物志》则记载："南越巢居，北朔穴居。"《太平御览》卷七十八引项峻《始学篇》说："上古皆穴处，有圣人教之巢居，号大巢氏。今南方人巢居，北方人穴处，古之遗俗也。"从文献记载和考古发现可知，北方的初民从山洞穴居向半穴居发展，并最终建起了房屋；在南方，人们则因地制宜地从巢居发展出了干栏式建筑。

◇人生习俗

成年礼是对将要成年并进入社会的成员的考验和教育。上古社会的成年礼是通过身体发饰的改变来实现的，如文身绣面、拔牙、穿耳、割礼、束发、开脸、换装等。大汶口文化遗址中有拔牙的成年礼遗迹。上古时期已有了灵魂的观念，并有特定的葬俗，对亡魂进行安顿，此时有土葬、火葬、树葬等。土葬的方式有平地掩埋、洞穴土葬、土坑葬等，墓葬头向西或向东。安葬的方式有仰身直肢葬、俯身葬、屈肢葬、割肢葬等，每一种方式都基于特定的习俗心理。如割肢葬，用于那些非正常死亡者。在新石器晚期已经有了固定的墓地，山顶洞人的遗址就呈现出这一时期公共氏族墓地的情形。那时的人们已经认识到，死亡是人生的转换，而非终点。从考古发现的上古遗址中可见各种随葬品，如生产工具、生活用具、食物、装饰品、武器等，还有的以猪随葬。

◇信仰习俗

这一时期的灵魂观念与自然崇拜盛行。人们确信灵魂可以脱离物体永恒存在，灵魂可以流动。日月星辰、风雨雷电、山川动植物都是人们崇拜的对象。与此同时，巫术盛行。巫是人鬼神的媒介，在当时备受尊重。早期社会，巫既是权力者，也是牺牲者。巫觋利用法术的灵活解释、控制事物与社会群体，也承担着巫术失灵后面对惩罚的风险。

初具形态：先秦风俗礼仪的建构

先秦时期以农耕文化为特征的华夏民族，其风俗文化圈已基本形成，各种风俗活动已具雏形。夏代资料不多，习俗不可考。从出土的大量商代甲骨文，可以看到当时的占卜、殉葬等习俗。周代礼俗文化发达，并有传世经典，这时的礼俗文化也成为后代礼俗文化的源头。如在农业生产风俗方面，与农业生产密切相关的二十四节气逐渐出现，并相继产生了与此相关的农业气候、耕植、祭祀、庆典等风俗事象。在婚姻习俗方面，周代已有同姓不婚的习俗，《左传·僖公二十三年》中说“男女同姓，其生不番”。这时出现了男女婚姻的中介人——“媒妁”。《诗经·卫风·氓》曰：“非我愆期，子无良媒。”《仪礼·士昏礼》规定了缔结婚约的六道程序：纳采、问名、纳吉、纳征、请期、亲迎。这一切都成为后来秦汉统一风俗的主要习俗基础。

春秋战国时期是中国先秦礼俗变化交融的时期，这一时期为秦汉以后中国文化新形态的形成奠定了基础。春秋战国，长期分裂，数百年间，战乱不息，“礼乐征伐自天子出”的格局被打破。“周末崩离，宾射宴飨食之则，罕复能行，冠婚饮食之法，又多变迁。”秦汉之前，除黄河中游地区的中原风俗外，我国境内还存在着许多各具特色的地域性风俗，它们之间的差异非常明显。中原、齐鲁、燕赵、荆楚、吴越、巴蜀等地的风俗文化各具特色。因此，风俗文化的融合和定型尚有待于国家统一。

先秦时期礼俗关系密切。礼偏重于社会上层的、贵族的、系统化的言行规范；俗偏重于社会下层的、民众的、比礼更具有广泛性质的属于约定俗成的言行规范。

比如婚俗。《诗经·国风》中的诸多诗篇所呈现的当时民间男女结为夫妇的做法，都有约定俗成之势。《诗经·卫风·氓》曰：“氓之蚩蚩，抱布贸丝。匪来贸丝，来即我谋。送子涉淇，至于顿丘。匪我愆期，子无良媒。将子无怒，秋以为期。乘彼垝垣，以望复关。不见复关，泣涕涟涟。既见复关，载笑载言。尔卜尔筮，体无咎言。以尔车来，以我贿迁。”这里说的是，迎娶之前，一要媒人提亲，二要进行卜筮以决定吉凶，然后才来迎娶。可见，以媒人为中介的习俗，是礼仪中不可或缺的一项内容。“贿”，即嫁妆，说明那时已有纳采之礼。从《礼记·曲礼》所载“男女非有行媒，不相知名”，可以推测婚姻六礼皆须由媒人传递消息使双方商定。《仪礼·士婚礼》载“昏礼下达，纳采用雁”。郑注：“达，通达也，将欲与彼合婚姻，必先使媒氏下通其言，女氏许之，乃后使人纳其采择之礼。”

以媒人为中介的婚俗不仅民间通用，而且影响到了贵族，甚至地位至高无上的周天子亦须如此。《春秋·桓公八年》

载“祭公来，遂逆王后于纪”，说的是周桓王欲娶纪女，使鲁为媒。周代还设有“媒氏”之职。《周礼·媒氏》载：“媒氏掌万民之判。凡男女自成名以上，皆书年月日名焉。令男三十而娶，女二十而嫁。凡娶判妻入子者，皆书之。仲春之月，令会男女。于是时也，奔者不禁。若无故而不用令者，罚之。”

动荡重构：汉魏六朝风俗礼仪

汉魏六朝是中国历史文化发展的重要时期，形成了社会生活文化、政治制度文化、思想学术文化的时代特色。这一时期民俗文化也得到了新发展。一方面，行政区划和自然区划的结合，为民俗文化的传承发展提供了重要的空间条件；另一方面，礼制文化下沉，演变为乡里习俗的生活方式。同时，佛道二教也扩充了民众精神习俗的范围。

秦王朝建立之后，统治者依靠法令和刑罚来纠肃风气，清除恶俗。两汉时期，统治者继续以政权干涉的方式对风俗进行整饬，如下令禁绝“淫祀”，“移书属县，晓谕百姓，民不得有出门之祀。督课部吏，张设罪罚”。他们还力图将一切风俗习惯纳入儒家的道德规范之中，以达到“整齐风俗”的目的。当时，统治者将先秦流传下来的包括婚礼在内的各种礼制，均加以重新整理和规范。例如，平帝元始元年，诏

“刘歆等杂定婚礼，四辅、公卿、大夫、博士、郎、吏家属，皆以礼娶，亲迎立轺并马”，婚仪被纳入儒家模式，要求与传统六礼完全相同。汉儒还根据经学强调衣着服饰的尊卑等级：“王者必复命而后王。王者必改正朔，易服色，表德劝善，别尊卑也。”在出行方面，王莽曾“奏为男女异路之制”。经过两汉统治者的大力整肃，汉代的异地异俗开始出现趋同的态势。随着时间的推移，越来越明显地出现了天下为一、万里同风的格局。汉族各居住区的衣食住行、婚姻、丧葬以及其他礼仪习俗，都逐渐呈现出大同小异的形态。

与此同时，除夕、元旦、人日、元宵、上巳、寒食、端午、七夕、重阳等主要岁时节日的习俗内容，也在两汉时期基本定型。如最能体现年俗文化内涵的贴门神、挂桃符、逐傩和放爆竹等习俗，在汉代均已出现。

魏晋南北朝是社会文化大变动的时期，中国古代民俗文化观念与生活方式在这一时期发生了重大变化。异族风俗文化改造和丰富了中原汉族的风俗礼仪。

魏晋南北朝时期，匈奴、鲜卑、羯、氐、羌等少数民族在迁徙和战争中先后进入中原，并趁晋朝统治者内部争斗时，利用不同的方式，在传统汉族聚居区建立起自己的政权。他们给汉族地区带来了胡服、胡床、胡食、胡坐等少数民族的游牧文化，引起了不同民族文化之间的强烈碰撞和频繁交流，刺激了风俗礼仪的变动与重构。

胡服、胡坐、胡食等胡族风俗的融入，大大地改变了汉族的思想观念和生活方式。其中一个重要的表现是汉族对胡族踞坐方式的吸收。汉族本是席地而坐，胡床等坐具的传入使汉族原先的坐具发生了改进或变革，更为重要的是，它还改变了汉族长期以来所形成的席地而坐的习俗，甚至影响到礼仪与观念。又如袴褶这一胡服对汉族的影响。袴褶是一种满裆裤，穿起来更加合体，适于劳作和行伍。胡服首先在军队中盛行，后来逐渐扩散到民间，使汉族男子的衣饰从上衣下裳向上衣下裤转变。

这一时期佛教在民间的普及也极大地影响了风俗礼仪的发展。佛教在民间的普及，又刺激了本土宗教——道教的发展。魏晋南北朝时期是道教、佛教传布弘扬的兴盛时期，凿石佛、造寺庙、修炼服药以求成仙不死一时大兴，四月初八浴佛节、七月十五盂兰盆节，人死丧葬做斋七、百日等习俗应运而生。

和乐阔大：隋唐风俗礼仪

隋唐两朝是我国封建社会经济高速发展、各种封建政治制度不断完善的时期，这一时期风俗经过不断整合，已显现出完备、定型和成熟的状态。与魏晋南北朝时期相比，隋唐风俗的演变具有广泛性和普遍性的特征。

隋唐两大王朝的建立，重新确立了完善的中央政权，整个社会环境安定，统治者也领悟到“正俗调风，莫大于此”，把引导、协调民风作为整顿朝纲的重要部分。政府通过行政手段来倡导和推广自己认为适宜的社会风尚。例如，唐代统治者下令废止正月末最后一天的送穷节，而由朝廷颁诏提倡以二月初一为中和节。过节时，皇帝给在京的大臣赐宴，各地官员在当地宴飨属官；上司给下属赠刀、尺，表示为政要谨慎裁度，地方官员要向上级献农书，表示不忘农事；一般百姓亲友邻里之间要用青袋子装着优良的谷物、瓜果种子互相赠送，表示关心农业；村社都要提前酿造“宜春酒”，届时祭祀勾芒神，以祈求丰收。这类由统治者亲自推行的习俗，影响到的区域非常广，为大江南北不同地区的百姓共同恪守和传承。

唐代是继汉代以后政治、经济、文化均取得杰出成就的鼎盛时期，即使在当时世界范围内也居于领先地位。唐人生命充实，处世态度豪迈乐观，有着享受人生、亲近自然的强烈渴望，并因此对风俗加以改造。这一时期风俗礼仪的游艺娱乐性质呈日益加强之势，集中体现在节日风俗礼仪上。

汉魏时期就已经盛行的三月三上巳节，本是祓禊求吉、招魂续魄的节日，巫术意味极强。但是到了唐代其巫术意味逐渐变淡，取而代之的是饮宴游玩、尽情享乐，唐人的许多诗篇都描绘了上巳节时嬉游欢乐的场景。而寒食禁火、清明上坟之时，趁机踏青郊游、饮宴作乐，也是唐人所举。

唐代还是都市民俗兴起之时。随着长安、洛阳等都市的兴起，都市民俗也日益丰富。同时唐代对外交流频繁，丝绸之路的开辟扩大了文化交流，也对风俗礼仪的发展产生了重要影响。

多元交融：宋辽金元风俗礼仪

唐宋之际，古代中国的社会生活发生了明显而深刻的变化，世俗化、伦理化是这一转变中的重要特征。世俗化的理学赋予了社会生活的意义，理学的诸多观念转变为原则和规则进入到民众生活中，最终变成了民众习而不察的知识与习惯，并成为新的习俗。士绅阶层常常通过家规、家礼、族规、乡约之类的规定，特别是童蒙读物的传播，传递着皇权和理学所共同提倡的传统知识、历史记忆和社会法则。从宋以来的戏曲、说唱文本中，我们也可以明显感觉到和以往不同的浓厚的伦理道德意味和趋向。南宋时期有相当多的《劝农文》《谕俗文》《劝孝文》《劝学文》等通俗教育文本，包括朱熹、真德秀这些著名学者都亲自撰写这类东西，参与理学世俗化的进程。他们反复规劝世俗民众，要勤于务农、遵守乡俗、去恶从善、孝顺父母。“请诸父老，常为解说，使后生弟子，知所遵守，去恶从善，取是舍非，爱惜体肤，保守家业，子孙或有美质，即遣上学读书学道修身，兴起门户。”通过这些将知识和观念世俗化的途径，士绅阶层在民众中传播着一种新的生活理念和信仰，并建立了一种新的伦理道德秩序。在这种世俗化与伦理化的趋向中，平民生活尤其是市民生活凸显，宋代的笔记及话本小说多有呈现。

元代，外族的入侵并未阻挡这一趋势，原本非正统的理学被吸纳到主流意识形态中。在政治意识形态的笼罩下，儒学进一步政治化与制度化，也进一步世俗化，开始以一种更强有力的方式影响日常生活。明初的统治者们更加强调儒学尤其是理学的正当合理性，科举制度的确立使儒学的世俗化越发严重，程朱之学更加深入社会生活，他们所提倡的伦理道德成为现实生活世界的一般知识、观念和信仰。

两宋时期，国家再度分裂，汉、契丹、女真和党项的势力此消彼长，几个政权并立。北宋与辽、西夏三足鼎立。南宋与金、元南北对峙。宋与各个并立政权之间既有征战，也有相对持久的和平时期。各民族间在政治、经济、文化上频繁交流，促进了民族间的融合。一方面，汉族文化层层推进，成为文化交流与融合的主导力量，同化了少数民族；另一方面，少数民族的习俗观念和粗犷风格也影响了汉族。南宋定都临安，出现了中国历史上又一次人口大迁徙，汉族人口被大批推进到南方各少数民族的居住区。元朝时，大批少数民族内迁中原，又有大批汉族人被遣发到边境少数民族地区，南北交汇，不同民族交互杂居，引起各民族风俗的融合。

多元融合是宋元时期风俗礼仪演变的主要特点。比如，北方金人统治下的汉族与女真人错杂而居，“民亦久习胡俗，态度嗜好与之俱化，最甚者衣装之类，其制尽为胡矣”。北宋末年，“胡乐蕃曲”大量输入中原地区，使当时京师“街巷鄙人，多歌蕃曲”，“素袖佳人学汉舞，碧髯宫伎拨胡琴”。女真的习俗甚至还传到了南宋都城临安，使临安街上的服饰、音乐为之一变。最为明显的是宋元时期汉族火葬习俗的流行，其起源即来自辽、夏、金等少数民族。到了元代，由于统治者采取民族歧视政策，故元末汉族士人为能“速获仕进”，多效仿蒙古族的语言、服饰，“悉以胡俗变易中国之制，上庶咸辫发椎髻，深檐胡帽；衣服则为袴褶窄袖及辫线腰褶；妇女衣窄袖短衣，下服裙裳，无复中国衣冠之旧。甚者易其姓名为胡名，习胡语，俗化既久，恬不知怪”。

这一时期都市民俗进一步发展，都市里的游艺百戏，节日盛况令人瞩目。在世俗化的同时，风俗的娱乐性进一步增强。

世俗百态：明清风俗礼仪

明清时期处于传统社会的后期，城市经济发展，市民阶层扩大，市民文化影响日益深远；书院、学校等文化教育机构广泛设立，出版业发达，民间著述丰富；精英文化在向下层传播、渗透过程中不断世俗化；宗教文化的流行，促成了社会信仰的复杂化。

明代中后期，社会风俗礼仪发生了重大的转变，此时是一个弥漫“世变”氛围的历史阶段。社会生活与之前的传统发生了明显的改变，服饰上“去朴从艳”，文艺上追求“异调新声”，知识上转而“慕奇好异”。货币经济的发展带来了深刻的制度改革与社会变革，冲击了传统的价值观念，使财富上升到前所未有的地位。这一时期通俗书籍、日用庶民文献大量涌现，市民文化蓬勃发展。此时佛教向着世俗化的方向发展，佛教的地狱观念、果报观念深入人心。

白银货币化冲击了明代一系列的制度。晚明时，统治者进行赋役改革，实行一条鞭法，税收折银，以银代役，使赋役制度由实物征收转为货币征收，人身依附关系的占有变为依赖货币的经济关系。白银货币化的趋势也就意味着白银在流通中充当了货币的职能，人们使用白银进行交易，也就促进了商品化的深入。商品经济的发展使得钱成为日常生活中的重要东西，与日常生活密切相关。沈榜《宛署杂记》载万历年间钱的用途，可谓“处处都要用钱”：

每民间有事，应与拘送，则有鞋脚钱；或已就拘执，两愿和息，则有酒饭钱；奉檄踪迹奸宄，未得而株连之，则有宽限钱；已得而墨覆之，则有买放钱；城内每家有灯油钱；

买卖房契有画字钱；各巷搭盖披檐有隐报分例；相验有被犯法物；每初会及年终，置酒邀会，每家银三分五，则曰打网、曰秋风；催收房号，展转支吾，则曰那上攒下；送赂以分计者，则曰几厘；以钱计者，则曰几分；巧立名色，莫可枚举。

万历年间，浙江张应俞撰《杜骗新书》，虽然该书后来被视作小说，然而从其内容看，更像一本让大家谨防上当受骗的指南。该书收集了社会上形形色色的诈骗案，共分24类，83篇，其中有74篇是关于使用白银进行交易买卖及欺骗的，占总数的90%。白银在书中参与的交易买卖，涉及社会生活的方方面面，包括了日常生活的吃穿用度，如买油、买猪、买布、裁衣做鞋、乘船坐轿等；也有置田产、开店铺之类的大宗财产的买卖；还包括买进学、买举人之类的交易。①

传统社会向来重本轻末，且以农为本，以工商为末。但到了明清时期，由于商品经济的发展，当时的社会上一反千百年来形成的“重本轻末”的风俗观念，而信奉“农商皆本”，各地民众纷纷改农从商，弃农习技。“传云：本富为上，末富次之，奸富最下，而今则一切反是。”社会上拜金之风愈演愈烈，以至人人“喜厚利而薄名高”。自古被奉为

---

① （明）张应俞《杜骗新书》，《古本小说集成》编委会编，上海：上海古籍出版社，1994年第1版。

“人道之始”的婚姻大事，向来重视“门楣求其称，婿妇唯其贤”，但晚明时，已“良贱不及计，配偶不及择”，“女家许聘，辄索彩礼”，唯以“富贵相高”。连许多风俗事象本身也被赋予浓重的商业色彩，一些大型的民间文娱活动，往往由商人的会馆、公所出资组织，或由巨商大贾赞助牵头（如北京的花会组织，清代乾嘉以后大多已转为商业性演出），连过年这样的重大节日，也被商人用来搞促销活动。

晚明时期，负贩行商落迁定居而为坐贾，在户籍制度上设立商籍，商人也可以在一定范围内参加科举，跻身士人的行列。此时商贾子弟进学入仕已成大观。同时，许多士人转而经工商，可以从“极摹人情世态之歧，备写悲欢离合之态”的晚明小说来看这种士商互动。

“三言”中江苏大财主高赞、苏州大地主王宪放弃土地经营而改营工商业。明代冯梦龙的话本集《醒世恒言》第十七卷《张孝基陈留认舅》中，身居尚书之位的“老贵人”，“家财万贯，生得五个儿子。只教长子读书，以下四子农工商贾，各执一艺”，旁人认为此举“非上人所为”，劝他让五个儿子都“习儒”。而老尚书听罢旁人的劝言后哈哈大笑，认为：“世人尽道读书好，只恐读书读不了！读书个个望公卿，几人能向金阶走？……农工商贾虽然贱，各务营生不辞倦……春风得力总繁华，不论桃花与菜花……一脉书香付长房，诸儿恰好四良民。”

晚明社会，三教融合的趋势进一步深入。与整个社会世俗化的趋势一致，宗教也更加世俗化，这也意味着宗教进一步深入人心。关帝、文昌帝君、观世音菩萨、玄武大帝、碧霞元君、灶神等都是此时民间广为奉祀的神灵。佛教深入人心，对普通人的日常生活和观念都产生了影响。鲁迅《中国小说史略》认为，佛道二教“明初稍衰，比至中叶复极显赫”，“妖妄之说自盛，影响且极于文章”。妇女在家持斋念佛在晚明时期是比较常见的现象，其中包括上层社会的妇女，也包括城市和乡村中的普通妇女。在晚明小说的描述中，人们常常被劝修行，修行之人有女性也有男性，并且遍及各种职业。

在日常生活中，人们相信各种报应形式的作用，此时的人们普遍相信人在遭遇非正常死亡之后，亡魂总是寻求机会对当事人实行报复，当事人因此而无故自残或遭横死。此时的笔记中多有果报之事的记述，还出现了大量冥报类的小说，即演述人入冥所见地狱景象的小说。明代小说《警世阴阳梦》分为《阳梦》与《阴梦》，前者叙述明末阉党魏忠贤由困厄、发迹到灭亡的经过，后者叙述魏忠贤死后在阴司所受的报应。世俗化了的佛教思想处处可见。“一千法律五千文，此梦分明警世人。善恶两途还自取，死生祸福有来因。”“常有人睡去或病中见这些生前作恶的人在冥司受地狱苦楚，历历可据。”“这不是个阴阳梦么？佛家说得好，愿天常生好人，愿人常行好事。”

世俗化的深入还体现为对人的关注，人们的求神拜佛也更加人性化。人们所供奉的俗神中，绝大多数是历史人物，如关羽、岳飞、文天祥等。明代的末代皇帝朱由检在浙江宁波一带也被当做神来供，名之曰“朱天菩萨”。

明清时期，庙会兴起。各地的民间庙会，本是迎神拜佛的信仰活动，但发展到了明清时期，尤其是清乾隆以后，其活动内容除娱神外，更多地注入了娱人的成分。庙会习俗已从单纯的祭祀习俗发展为具有浓厚商业氛围和热烈娱乐气息的综合性民俗活动，逛庙会成了具有娱人、悦神双重文化意义的习俗。如京城的逛庙，规模盛大，活动内容丰富。而南方的傩舞，在清初还是一种纯粹的驱鬼辟邪活动，但到了清代中叶时，已逐渐吸收了娱乐的成分，最终演变成以娱人为主的傩戏，并成为人们喜闻乐见的文娱活动。

近现代以来，中西文化交流日益加深，西方的风俗礼仪逐渐输入，对传统风俗礼仪产生了变革性的影响，我们的价值观念开始更新，有些风俗礼仪日渐式微，传统礼俗发生了变化和解体。

第二章

人生仪礼习俗

人生仪礼又称个人生活仪礼，在国际上被称作“通过仪礼”，指的是人在不同的生活及年龄阶段，都要举行特定的仪式和遵循一定的礼仪，它包含了对生命的礼赞和尊重。人生仪礼是通过一定文化规范对一个自然人进行人格的塑造，通过这样的程序，他渐渐被塑造为一个社会人。每个人一生中都要经历的最重要的礼仪，包括诞生礼、成年礼、婚礼、寿礼和丧礼。

人生仪礼又称个人生活仪礼，在国际上被称作“通过仪礼”，指的是人在不同的生活及年龄阶段，都要举行特定的仪式和遵循一定的礼仪，它包含了对生命的礼赞和尊重。人生仪礼是通过一定文化规范对一个自然人进行人格的塑造，通过这样的程序，他渐渐被塑造为一个社会人。每个人一生中都要经历的最重要的礼仪，包括诞生礼、成年礼、婚礼、寿礼和丧礼。

生命的期盼与祝愿：诞生礼俗

中国几千年传统社会中占主要地位的是自给自足的小农经济，劳力的多少成为家庭发展的重要因素，在这样的土壤中形成早生、多生、生子的生育观念。因此，多子多孙是传统社会评价一个家庭社会地位的一种重要标志，无子或者不育的夫妇会遭到社会的冷眼相看。这种传统观念由来已久，且根深蒂固，深深地影响了一代又一代人。为了一个新生命的顺利诞生，从男女双方结婚到妇女怀孕、婴儿降生、婴儿满月、婴儿周岁及其他庆贺活动，无不体现出人们为此所做的不懈的祈福努力，从中也形成了一整套趋吉避凶的风俗习惯。

◇民间求子礼俗

中国的传统观念是“不孝有三，无后为大”，所以人们对求子仪式非常重视。求子，是指不孕的夫妇，为了求得子嗣而向祖先或神灵祈祷、实行巫术等仪式的风俗习惯。求子的方式多种多样，按照采用的手段可以分为拜神祈子、他人送子、巫术求子三种。

● 拜神祈子

民间主管生育子嗣的神灵众多，如女娲、城隍奶奶、碧霞元君、送子观音、金花夫人、子孙娘娘等，并为之立庙建祠。人们在乞求子嗣时往往求助于这些神灵。

汉族神话中，女娲是人类的祖先，是她创造了人类。传说开天辟地之初，大地上并没有人类，是女娲把黄土捏成团创造了人。但这样做非常劳累，于是她就把一根绳子放在泥浆中，然后举起绳子一甩，泥点洒落在地面就变成一个个的人。后人说，女娲亲手捏的成了富贵的人，而女娲用绳子沾泥浆甩在地上的成为贫贱的人。

在河北涉县有座娲皇宫，俗称奶奶庙，当地传说这里是女娲抟土造人、炼石补天的地方，又说农历三月十八是女娲的生日，所以这一天周围几百里的民众都来参加庙会，其中许多是前来求子的妇女。她们来到庙里给女娲娘娘磕头、烧香、献供品后，会从神案上取一个泥娃娃用红绳拴上带回家，认为这样可以求得儿子。过后如果真的怀孕生子，就会在来年还愿时带三个泥娃娃或布娃娃放在神案上。

● 他人送子

在诸多求子习俗中还有一种常见的形式是由自己的亲人或其他人向希求得子的家庭及妇女本人做出象征性的送子举动。

最常见的是送各种象征性的瓜果和食物，在湖南的一些地区，有以瓜送子的习俗。一般是在中秋节晚上，趁主人出门赏月不在家，好心的邻居就秘密地为他送子。一般送子的人必须是已有子女的人。他们从瓜园里偷一只大冬瓜，然后在瓜上画出小孩的模样，再用一根小竹管插入冬瓜内，把冬瓜灌满水。送子的人将冬瓜偷偷藏在主人的被子里，等主人回房睡觉拉被子时就会触动冬瓜，里面的水便流了出来，情形与小孩尿床相似。而丢瓜的人家发现瓜果被偷，就会大骂，据说骂得越凶，将来生的娃娃就越健壮。如果来年真的怀孕生育，这户人家便让儿女认送子的人为“干爹”或“干妈”。

安徽歙县一带则是中秋节时，大人们让孩童去偷别人家的倭瓜或者子母芋，然后连泥带水地放到新婚夫妇的被子里，用这种方式来送子。有一首诗记述了这种习俗：“送子中秋记美谈，瓜丁芋子总宜男。无辜最惜红绫被，带水拖泥那可堪。”

还有一种是送去包含多子多孙含义的吉祥物，常见的如送灯，比如“孩儿灯”，因为“灯”和“丁”谐音，所以送灯也就是送子的意思。

● 巫术求子

婚姻是两性结合组成家庭繁衍后代的文化形式，在传统社会，传宗接代是婚姻最主要的目的，生子的渴求在这一阶段已经以象征的方式体现在婚礼的众多细节之处。婚礼所用的大多数器物上，求子都是最鲜明的主题。婚礼中的求子方式一般是根据同类相生的原理，把相似的东西看做同一种事物，通过模仿达到自己的目的。在器物方面，很多是外形相似或者发音相同。比如在许多地方，给新人准备的枕头中装有红枣、花生、桂圆、瓜子，寓意是“早生贵子”。在广东，聘嫁礼物当中除了礼饼外，还少不了莲子、石榴、桂花，意为“连留贵子”；礼物中有椰子，寓意“有爷有子”。

婚礼仪式上也有类似的习俗，比如东北地区，新郎去迎娶新娘，在离开新娘家时，新娘父母要备办宴席招待新郎和伴郎，就餐中新郎要偷偷把几双筷子藏起来带回家，筷子谐音“快生子”，取“人丁兴旺”的意思。另外，在全国许多地方都有“传袋”的仪式，就是男方迎娶新娘进门时在地上铺上麻袋，随着新娘往前走，把后面的麻袋拿起铺在前面的路上，让新娘脚不沾地，踩着麻袋进婆家，叫做“传袋”，取“传宗接代”的吉祥意义。

山西南部民间的婚礼上，在新婚夫妇进洞房前，由一位女性长辈亲属向寝帐内撒红枣和栗子，并唱《撒帐歌》：“一把栗子，一把枣，小的跟着大的跑。”这同样也是利用了“枣”和“栗子”的谐音，取“早早立子”的吉祥含义。之后，新人进入洞房共饮交杯酒，两人挽手在火炕上绕一周，俗称“踩四角”，且边走边诵“左踩三圈，右踩三圈，踩、踩、踩四角，四角娘娘保护着，儿多着女少着，婆夫两个常好着”。

婚礼上除这些象征性器物和仪式外，还有其他的性生殖崇拜与性行为模拟巫术，即在神圣的时间、空间对某种生殖象征物加以崇祀或进行交媾行为的模仿。庙会是最常见的求子的场所，在河南淮阳太昊陵，每年的农历二月初二到三月初三，都要举办“人祖庙会”，当地人俗称“二月会”。据传，二月会起源于远古时期为祈求人口繁衍而举行的仲春之会，《礼记·月令》中有“仲春之月，令会男女”的记载。太昊陵庙会的核心是祭祀人祖爷伏羲和人祖奶奶女娲，以求子孙繁衍，所以庙会上有各种各样的求子方式，如摸子孙窑、拴娃娃、请泥泥狗等，无不表现出对新生命的渴望。在陵庙的显仁殿东北角一块长 70 厘米、厚 40 厘米的青石中间有一个圆孔，香客们把它叫做“子孙窑”，它表现的是女性生殖器。凡来太昊陵的香客，尤其是女性，都要用手摸一摸这个“窑”，认为这样不仅可以多子多孙，而且还能使子孙健康。此外，为求子而来的妇女们还会在庙会上买一个泥娃娃，用红线拴好，小心翼翼地藏在身上带回家，回去放到床褥下面，认为这样可以怀孕生子。如果碰巧如愿，则对人祖爷感激不尽，下次庙会一定会举行隆重的还愿仪式。

尽管求子仪式中包含不少的迷信成分，但无论是拜神祈子、他人送子还是巫术求子，都表达和反映了人们对美好生活的追求和憧憬。

◇生育报喜和洗三朝

对新婚夫妇来说，怀上孩子固然是很幸福的事情，但是男是女未能确定，又让他们感到焦虑，所以怀孕期间，人们经常根据孕妇的一些细微动作预测胎儿的性别。如“酸儿辣女”说的是如果孕妇喜欢食酸则可能生男，喜欢食辣预兆生女；“男左女右”是指孕妇在家跨门槛时，如果先迈左脚则生男，先迈右脚则生女。

俗话说“十月怀胎，一朝分娩”，顺利地生育后代对一个家庭来说是非常重要的事情，尤其是在过去医疗条件差的情况下更是如此，所以民间有催生的习俗。俗语还说：“生养是没底的棺材”，“生孩子是大（人）命换小（人）命”，生育不顺利可能会危及母子性命。如果能顺顺当当生下孩子，则说成是“从棺材底下掉下来的”，表示庆幸。

为谨慎起见，在怀孕期间有许多禁忌习俗。比如在江苏淮安，为确保顺利生育，孕妇在饮食方面有很多忌口：不能吃生姜，怕生下的小孩有六指；不能吃兔子肉，怕孩子兔唇。为了防止外人冒昧闯进产妇房间（民间认为这样不吉利），要在房门上挂上一块红布，以作标志告诫外人，不能乱闯，同时也有驱邪避祸的用意。在北方，孕妇生孩子前，先要把炕席卷起来，在炕上面铺上干谷草，让孩子生在谷草上，名曰“落草”。

“不孝有三，无后为大”的观念同样为土家族所接受，他们对生育后代非常重视，并形成了许多习俗。一是洗三朝、敬家神。小孩出生第三天要洗澡，这是婴儿出生后洗的第一个澡，称为“洗三朝”。具体做法是把蜂窝草、艾叶、蒜皮等草药用水煎成，同时煮一个鸡蛋，首先由外婆洗“三把水”，再由家里其他女性长辈洗涤婴儿全身，之后把熟鸡蛋剥壳，用蛋在婴儿全身滚一遍。这时，孩子的父母要同时念诵祝福的话：“滚一滚，百事发。滚一滚，万事通。滚一滚，福寿运。滚一滚，人中龙。”当地人把这个叫“除胎毒”，之后给孩子穿好衣服，由婴儿的祖父或父亲以焚香烧纸敬献家神，祈求祖先能保佑婴儿顺利长大。二是报喜和整祝米酒。“洗三朝”之后，婴儿的父亲要备办礼品去外婆家“报喜”，并约好外婆一家的亲戚前来赴宴，此称“祝米酒”，又称“整嘎嘎酒”(“嘎嘎”是土家族人对外婆的称呼)。届时吃“祝米酒”的亲朋好友要送礼给婴儿的父母，称为“送祝米”。礼物多是衣、帽、鞋、袜等儿童服饰或者米、酒、鸡、蛋、鱼、肉类食物。这一天，外婆一家用担子挑着各式礼品，祖父一家派人出门迎接，把这些礼品摆在堂屋家神前，迎接时还必须持续放鞭炮，直到外婆一家全部进了家门才停下来。这时，长辈要把婴儿抱出来向祖神行礼，再向外婆行礼并表达谢意，然后将婴儿交到外公手中接受祝福。仪式结束，客人就可以入座享用宴席了。

◇满月命名和抓周

儿童出生一个月叫“满月”，为满月而举行的庆贺仪式叫“做满月”。做满月包括两个内容，一是“剃满月头”，二是“办满月酒”。剃满月头，即剃除婴儿胎发，一般是家长把理发师请到家里给孩子剃，也有抱着孩子到理发店去剃的。剃完胎发后，要给理发师发红包、送“红蛋”，有的地方还要请理发师吃饭。通常孩子的奶奶会把剃下来的胎发搓成小辫子，用红绸布包起来挂在床头，用来辟邪，也有的人家把头发制成“胎毛笔”以作纪念。剃满月头还有个独特的习俗，就是不把孩子的头发全部剃光，在头顶前部中央留一小块“聪明发”，在后脑留一绺“撑根发”，寓意是祝愿孩子聪明伶俐，祈盼他健康成长。在剃满月头的同时，孩子的家人要办满月酒，宴请看望过小孩的亲朋好友。满月还要给孩子起名字，一个乳名，一个学名。乳名是非正式的称呼，有越鄙俗越好的说法，以求孩子好养，表达长辈对孩子的怜爱之情。学名则在上学后使用，一般比较正式，表达了父母亲的良好愿望。

民间有“从小看大，三岁知老”的谚语，意思是从一个人幼童时的表现可以看出他成人后的性情和职业。抓周就是儿童周岁时所举行的有预测意味的一种习俗活动，又称拭儿、试晬、拈周。具体做法是：在儿童举行周岁庆典时将各种玩具和生活用品陈列于小孩面前，让孩子自由抓取，由此判定其日后的兴趣、爱好、职业和前途。抓周一般是在吃“长寿面”之前举行，所放物品因时因人而异，古时候富贵人家举行仪式，一般摆放笔墨纸砚、书本、算盘、铜钱、食物、玩具、胭脂，贫苦人家则会简单一些，比如放上葱、蒜、芹菜等，女孩子抓周则加上针线、尺子、剪刀、锅铲等用具。每一种物品都有一定寓意，表达了人们对孩子的期待。如果小孩先抓了印章，则意味着长大后官运亨通；如果先抓了文具，则意味着长大后好学，能金榜题名；如果先抓了算盘，则意味着孩子长大后可以做生意；如果先抓了葱，则意味着孩子长大后聪明伶俐；如果先抓了芹菜，则意味着孩子长大后个性勤快，能吃苦耐劳。如果女孩先抓了剪、尺之类的缝纫用具或铲子、勺子之类的炊事用具，则说明她将来长大后擅长料理家务。一些小说中对抓周习俗也有反映，《红楼梦》第二回“贾夫人仙游扬州城，冷子兴演说荣国府”中有这样的描述：

贾宝玉抓周的时候，家人按照习俗在他身边放了一大堆东西，但是他什么也没有抓，偏偏抓了一堆女人用的胭脂花粉，惹得父亲贾政大怒说：“将来酒色之徒耳！”认为他一生要陷在女人堆里。

大学问家钱钟书周岁那天，父亲钱基博按无锡当地的习俗，放了很多物品让他去抓取，他抓的是一本书，因此父亲给他取名“钟书”。

现在抓周时，人们会放上足球、相机、油画棒、鼠标等一些现代生活用品。同时，父母们对抓周的看法也有所转变，更多把这一仪式当成一项亲子游戏，而不是对未来职业的预测。

无论是求子、怀孕还是庆生的习俗礼仪，其核心是对生命延续、生活顺利和家族兴旺的祝愿，反映了父母对子女的舐犊情深。现代的生育行为往往以自我价值为取向，并不考虑家族的利益，传统的“传宗接代”、“多子多福”、“不孝有三，无后为大”等观念逐渐弱化，但这些传统的风俗礼仪仍在社会中以各种各样的面貌出现，显示了风俗传承的强大力量。

跨入社会的门槛：成年礼

成年礼是标志一个人从幼年向成年转换，具有进入社会的能力而举行的人生仪礼。有的地方和民族成年礼十分隆重，而且带有考验的性质。

◇汉族成年礼

在古代中国，具有传统成年礼性质的人生礼仪是男性的“冠礼”和女性的“笄礼”。

从记载古代传统礼制的书籍中我们可以看到，成年礼是有严格规定的：男子二十岁行冠礼，女子十五岁行笄礼，举行仪式的日期需要用占卜的方式来确定，并且只能在家庙举行。冠礼的主要内容是由正宾依次将缁布冠、皮弁、爵弁等三种冠加在将冠者的头上。冠礼先加缁布冠，意思是有治人的权力；其次是加皮弁，皮弁外形类似于后世的瓜皮帽，制作材料是白色的鹿皮，皮弁表示从此要服兵役；最后加爵弁，爵弁是在协助国君祭祀等庄重场合戴的，地位最尊。三次所加之冠，地位依次增加，是隐喻冠者的德、行、能与日俱增。加冠之后要拜见母亲，并由来宾给冠者加字。冠者有了新取的“字”，然后可以拜见和感谢来宾长者。

女子满十五岁，称为“及笄”，与男子冠礼相应，女子的成年礼叫“笄礼”，又叫“上头礼”。“笄”指女子头上的簪子，及笄就是在行笄礼时改变幼年“垂髫”的发式，将头发盘起，绾成一个髻，然后用一块黑布将发髻包住，用簪子插定发髻。笄礼一般由母亲主持。

这是传统汉族成年礼的形式，我国的少数民族大多也有成年礼仪式，有些还保留了古老的文化因子。

◇基诺族成年礼

生活在云南的基诺族，有独特的成年礼风俗。基诺族认为，男女青年在举行成年礼之前是不成熟的，不能承担村寨成员的义务，也不能享受相应的权利，规定他们晚上不得随便出门，还禁止他们谈恋爱。只有举行了仪式之后，他们才取得村寨正式成员的资格，才可以开始社交活动和谈恋爱。举行成年礼的时间一般是十五六岁。

基诺族男子的成年礼是通过突然劫持的方式进行，仪式由寨子里一个叫“勺考玛”（村中未婚青年组成的一个组织）来主持。仪式开始前要做准备工作，人们先杀一头全牛祭祀祖先，并把牛肉分给村寨的每个人，让大家都能分享祖先的福佑。行成年礼的小伙子的那份肉用芭蕉叶包起来，摆在桌子上，然后安排一些男青年埋伏在上山劳作的途中或房前屋后，将受礼者挟持到竹楼上参加仪式。突袭使他产生恐惧，从而增加成年礼带来的神秘感。在仪式上，村寨的长老们带领大家歌唱民族史诗，歌唱传统的社会生活的习惯法规、劳动生产和爱情家庭生活，还对接受成年礼的青年男子进行民族的传统教育。仪式结束后，父母要送他全套的农具和成人的衣服饰品，标志着他已经成为村寨的正式成员。

女青年的成年礼相对简单一些，只要获得未婚女青年组织的认可就行，但父母同样会赠与其各式农具和鲜艳的衣服，受礼的女子发式也改成一条独辫。

参加成年礼是人生的一个关节点，意味着他们从此成为村寨的一名正式成员，要承担起成人的各种义务和责任。男青年要巡逻放哨，维护村寨的治安，调解村寨纠纷，同时他们也可以享受村寨成员的一切权利。

◇瑶族成年礼

瑶族人非常重视民间宗教和道德礼仪，在每个人的成长中都要接受祖先历史教育、品行教育、礼仪教育，并学习各种宗教仪式活动，祭祀祖先和神灵。

其中男孩长到十五六岁都必须经过一个带有民间宗教色彩的仪式活动——度戒，然后才能被认为是本民族的正式成员，取得婚恋的资格和参加各种社会活动的权利，将来死后其灵魂也才能“升天”。故此度戒仪式极为隆重，而且流传非常广泛，在广大瑶族地区都可以看到。

度戒的仪式比较烦冗，过去有“上刀山，过火海”的说法，现在比较简单，“跳云台”是其中一项主要内容。所谓云台，是由四根四米多长的木柱支撑的正方形木台，一边扎若干横木作梯。接受度戒的青年在师公的带领下登上云台，师公念诵一段诫词，受戒者当众发誓“不杀人放火、不偷盗抢掠、不奸女拐妇、不虐待父母、不陷害好人”等。然后，受戒者从台上勇敢地翻至云台下预先设好的藤网，下边的人拉起藤网绕云台转三圈。观众欢呼祝贺他正式走入社会。

瑶族男子通过度戒学到了本民族的传统道德和戒律条文，这些不但约束着他一生中的言行举止，还对瑶族地区民众的和睦相处起了重要作用。度戒仪式还对村寨成员学习、继承和发扬民族的传统文化起到了促进作用。

总之，在传统社会，绝大部分社会成员从事生产劳动，生产经验的传承范围在家庭或家族范围内，人们通过成年礼在家庭中获得成年人的资格，在家族中获得自己的权利，在村寨中获得乡土社会的地位。现代社会，人们通过制度化、规范化的训练获得生活技能及相应的资格权利，成年礼在培养社会成员的道德，激励个体健康成长方面依然有其积极的意义。

合二姓之好：婚姻习俗礼仪

婚姻自古是人生大事，是构成家庭和社会的基础，所以不论处于怎样的文化背景和地理环境，都受到普遍的重视，每个地方的婚礼都是隆重而盛大的。《礼记·昏义》中说："昏礼者，将合二姓之好，上以事宗庙，而下以继后世也，故君子重之。"婚姻礼仪是男女两性结合缔结夫妻关系的一种文化形式，按照中国的传统习俗，婚姻有既定的程序，也有许多不可冒犯的禁忌。

◇婚姻的含义及形式

婚姻古时又叫"昏姻"或"昏因"，因为古代婚礼中，男方通常是在黄昏时分到女方家迎亲，这叫"昏"，女方则随男方出门，这叫"因"。这种"男以昏时迎女，女因男而来"的习俗，就是"昏因"一词的来源。简而言之，婚姻是指男娶女嫁的过程。

在中国历史上，因为历史的、民族的、经济的差异，形成各种各样的婚姻形式。

●强夺婚

强夺婚又称抢婚，是原始社会的一种婚俗，是男子通过掠夺妇女的形式来缔结婚姻。一般认为这是原始社会人类由群婚向个体婚过渡的一种婚姻习俗，这种形式的婚姻在《周易·屯》爻辞中有记载："屯如邅如，乘马班如。匪寇，婚媾。……乘马班如，泣血涟如。"意思是创始艰难，彷徨不前。乘马的人纷纷驰来，他们不是强盗，而是求婚的人……被抢的女子拼命呼喊，泣泪涟涟。从抢婚的历史看，最初可能是强制性的，后来才变成表演性的。

● 招养婚

一般的婚姻形式是男婚女嫁，男子娶女子到男家一起生活。招养婚指的是女子不离开家，招男子入女家为婿的婚姻形式，也叫"入赘"、"招赘婚"、"倒插门"等。招赘婚的形成一般有两方面的原因：一是女方家中有女无男，招养是为传宗接代、继承家业并为老人养老送终；另一方面是男方家贫但多子，送儿子到女家上门可以促使其结婚，同时减轻家庭负担。

● 交换婚

交换婚是两个家庭各自的女子与对方家庭男子成婚，也叫"姑嫂婚"、"小姑换嫂"、"姐妹换妻"等。这主要发生在贫苦人家，双方家庭经济困难，无力为儿女置备聘礼或嫁妆，又有适龄儿女。姑嫂交换缔结婚姻，可为双方省一笔彩礼。随着经济的发展和婚姻自由度的提高，交换婚日趋消亡。

• 冥婚

冥婚又称阴婚，是家长为已死的未婚男女婚配的婚姻形式。中国人有事死如事生的传统，民间信仰认为人在阳世死了，还会在阴间活着，如果生前没有婚配，死后必然孤苦无依，所以活在阳世的家人会为其寻找配偶。冥婚习俗是一种迷信的做法，但也表达了父母对儿女的爱恋与思念。

• 自由婚

自由婚是建立在男女自由交往、互相倾慕和双方性爱基础上的婚姻形式。中国传统社会认为婚姻是两个家族之间的联姻，延续子嗣比个人情感更重要，所以纯粹的自由婚处境都比较艰难。在《诗经》中有不少男女自由婚恋的场面。《郑风·野有蔓草》："野有蔓草，零露漙兮，有美一人，清扬婉兮，邂逅相遇，适我愿兮。"这里就描写了一对青年男女一见钟情、彼此吸引、互相爱慕的情景，反映了秦汉以前，礼制还未完备，男女之间可以自由地交往和恋爱。

• 童养婚

童养婚是指男方家从小领养或买进他人未成年的幼女做儿媳妇，等到成年后，再与其子完婚。这种形式民间又形象地称作“等郎婚”。大多数童养媳在婆家地位低微，要担任繁重的家务劳动，还要受到婆婆的指责和折磨。许多民间歌谣反映了童养媳生活的艰难：“十八岁大姐周岁郎。高矮个子一般长。白天喂吃又喂喝，晚上帮他脱衣裳。来尿糊屎我服侍，说是老婆像他娘！”“童养媳，不当人，日日夜夜受苦辛；做有份，吃无份，弄得不好吃柴棍。”在正式成婚之前，童养媳是男家儿子的未婚妻，担当的角色却类似保姆或姐姐，双方不得同居。到了婚龄，婆家选个日子为他们完婚，俗称“圆房”，其礼仪普遍比较简单，花费很少。

◇婚礼习俗的程序

中国古代的婚姻以其礼仪的隆重和场面的铺陈而颇具特色，传统的婚姻礼仪指从议婚至完婚全部过程的礼仪程式，即纳采、问名、纳吉、纳征、请期、亲迎，称为“六礼”。这一娶亲程式，早在周代时已确立，在《礼记·昏义》中可以看到相关的记载。以后各代虽然名目和内容有所变动，但大多沿袭周礼，到清末之后，六礼演变纷繁，不断简化，到现在已经非常简洁了。

●纳采

纳采为六礼之首礼。男方想要与女方结亲，请媒人前往女方家提亲，在得到对方应允后，再请媒人正式向女方家求婚，并带一定的礼物。《仪礼·士昏礼》载："昏礼，下达纳采。用雁。"古代纳采礼的礼物只用大雁，这里有三方面的含义：一是大雁是候鸟，秋天南飞，春天返回，来去有时，象征坚贞不渝的爱情；二是大雁迁徙时，领头的是强壮的大雁，而幼弱衰老的紧随其后，象征婚嫁长幼有序，不越序成婚；三是大雁雌雄从一而终，象征男女能白头偕老。纳采是全部婚姻程序的开始，后世基本沿用了周代的这一礼制，但礼物有所变化。

●问名

问名的意思是媒人到女方家询问女子的姓名、排行和生辰八字。问名还包括要问清女子是亲生还是收养，是正室所生还是继室所生，在重视血统观念、门第观念的时代，这是至关重要的。问名也用雁做礼物。

●纳吉

纳吉是男方在问名后将双方生辰八字拿去占卜，然后将卜婚的吉兆通知女方，并送礼表示要订婚的礼仪。民间有许多关于属相婚配的说法，比如："青兔黄狗古来有，红马黄羊寿命长，黑鼠黄牛两头旺，龙鸡相配更久长，婚配难得蛇盘兔，家中必定年年富。"当然这些是没有任何科学根据的。古时，纳吉也要行奠雁礼。

● 纳征

纳征亦称纳成、纳币，就是男方在得知女方允婚后才可向女方送聘礼，这是婚娶必须的程序。行纳征礼不用雁，这是六礼唯一不用雁的礼仪，也就是后世的送彩礼。最初民间多用首饰和细帛等物作为聘礼，谓之纳币，后演变为彩礼。

● 请期

请期又称告期，指男方择定结婚日期派人到女方家去通知的习俗。清代的做法是男方用红笺将过礼日、迎娶日的诸多事项一一写明，由媒人送到女方家，并与女方商议婚礼事宜。女方接到红笺，就可以准备嫁妆了。

● 亲迎

亲迎又称迎亲，俗称娶媳，是新郎亲自迎娶新娘回家的礼仪。亲迎礼始于周代，后来历代沿袭。亲迎礼形式多样，也是最为隆重的仪式。

◇为婚之法，必有行媒

● 媒人的历史

中国传统社会礼教甚严，婚姻是不能由青年们自主的，而是由一方的父母请求媒人去提亲，经过媒人说和，行过大礼，才可以正式结为夫妻，得到社会的认可，也就是所说的“父母之命、媒妁之言”，所以媒人在婚姻嫁娶中起了重要的牵线搭桥的作用。

媒人的起源很早，《诗经》就有“匪我愆期，子无良媒”，“伐柯如何？匪斧不克。娶妻如何？匪媒不得”的诗句，说明早在周代，媒人就已成为婚姻的必要条件了。汉代叙事长诗《孔雀东南飞》中有：“阿母白媒人，贫贱有此女，始适还家门。”后世社会的礼制甚至法律中都明确规定缔结婚姻必须有媒人，比如《唐律》中规定：“为婚之法，必有行媒。”

媒人除了这一俗称外，还有不少别称，如月老和红娘，这两个称呼都有自己的来历。唐代民间传说中又出现了专司婚姻之神——月下老人，唐代李复言的《续玄怪录·定婚店》记载了一个这样的故事：

唐代有个叫韦固的人到宋城旅行，住在南店里，晚上看到一个老人靠着行囊而坐，在月光下看一本书，就问：“您看的是什么书呢？”老人说是记载男女婚姻的书。韦固又问：“袋子里是什么东西？”老人说：“里面是红绳，用来系夫妻的脚。不管男女双方是近在咫尺还是远在天边，只要用绳子系住，他们就一定能结为夫妻。”韦固问到自己的妻子是谁，老人告诉他，说是店北卖菜的盲妇人的三岁小女儿，长得和老妇人一样丑。韦固听了很生气，就派家奴刺杀小女孩，以为这样就可以逃避这桩姻缘，但只伤了小女孩的眼眶。十几年过去，韦固当了相州的参军，刺史王泰把女儿嫁给他。洞房之夜韦固揭开香娘的红盖头，发现妻子美貌非凡，只见眉心贴着一朵红纸剪的小花，问其缘故。妻子说她就是当年卖菜老妇人的女儿。夫妻如梦初醒，从此恩爱有加，后来子孙满堂，白头偕老。

以后，民间就称媒人为月下老人，或简称月老。元代戏剧家王实甫在唐代元稹《莺莺传》的基础上，创作了杂剧《西厢记》，剧中极力撮合张生、莺莺这对有情人终成眷属的丫环红娘，因其活泼伶俐的性格和助人为乐的精神，受到人们的喜爱。此后，“红娘”也成了媒人的别称。

明清时期又有“媒婆”一词，用以指称媒人。但因为媒婆能说会道，其话往往名不副实，所以“媒婆”一词略带贬义。明代陶宗仪《辍耕录》中所谓的“三姑六婆”，通常是指那些夸夸其谈、不务正业的女人。

骂媒人和谢媒人

中国上千年封建社会里，妇女们由于受“三从四德”封建礼教的束缚，在婚姻问题上没有自主权，全由媒人和父母摆布安排，从提亲到结婚都受他人操控，直到入洞房才能见到自己的丈夫，所以出现大量的婚姻悲剧。这时妇女们就会把满腔的愤怒发泄在媒人身上，婚礼上的哭嫁歌是这一情感的表现。甘肃东部流传着《骂媒人》这样的歌谣：

骂了声媒婆舌头长，心像狐狸嘴像狼。
你说女婿好模样，满脸麻子满头疮。
说起他的汉汉一乍乍，脊背里背了个大疙瘩。
一棵树儿挖断根，媒婆拆散我心上人。
吃了我媒饭害嗓癀，穿了我媒衣进墓场。

针对一些媒人为了谋求私利，花言巧语欺骗他人，乱点鸳鸯谱的丑恶现象，中国古代民歌中也进行了尖刻辛辣的讽刺："一条帕子两边花，背时媒人两面夸。一说婆家有田地，二说娘家是大家；又说男子多聪明，又说女子貌如花。一张嘴巴叽哩咕，好像田牛青蛤蟆。无事就在讲空话，叫儿叫女烂牙巴。日后死在阴司地，鬼卒拿她去挨叉。"但正如俗话说的，"天上无云不下雨，地上无媒不成亲"，媒人作为男女婚姻嫁接的桥梁，从中起了牵线搭桥的重要作用，也促成了不少美满姻缘，从而得到男女双方的认可和感谢。

各个地方在答谢媒人方面也各有不同。比如广西桂林，男女完婚后答谢媒人是必要的婚俗仪礼。新娘一方在"坐花堂"的晚上备办酒宴答谢媒人；新郎一方则在喝罢散堂酒，送走贵客后给媒人备办礼品。一是迎亲时所用的猪头和留有脚爪的猪腿肉，表示婚姻大事全靠媒人牵头、走路；二是一丈二尺衣服布料和新娘给媒人公和媒人的妻子做好的布鞋、糖果等。礼品装入竹制礼箩后，由男方家人委托人用担子挑着馈送媒人。陕西神木的婚礼中谢媒人是一项重要仪式，一般是婚礼的最后在院子里摆上长桌，桌上摆着猪头、馒头、布料等礼品，由村里能说会道的人唱诵“谢媒词”感谢媒人。虽然谢媒人要谢猪头，但媒人一般只拿点馒头之类的礼品，猪头大都留下不带走。因约定俗成，猪头是谢媒人的必备物，所以神木城乡现在还戏称说媒为“挣猪头”。

生命的告别与缅怀：葬礼

生老病死是自然界的法则，也是人类社会发展的基本规律。在中国传统观念中，死亡是人的灵魂和肉体发生分离，人死而灵魂不灭，继续以其他方式存续，而且他们认为祖先的灵魂有神奇的力量，会保佑后代族人并与之沟通。所以各民族以不同的方式来处理死者尸体，形成不同的丧葬习俗。

◇丧葬类型

• 土葬

土地是人们赖以生存的重要物质基础，中国古代就有对土地神灵的崇拜，在五行中，土居五行之中，最为尊贵。在这种思想下，形成中华民族“入土为安”的观念。土葬成为一种最普遍的葬式，在历史上广为流行。一般老百姓的坟墓比较简单，他们请风水先生选择一块风水比较好的地方，在那里挖墓穴，埋葬死者，在上面堆出土堆儿，以作标示。同一个家族，历代祖先的坟墓都在一起，每座坟墓的位置要按照辈分大小排列。多少年来，土葬一直是汉族最主要的葬式。

● 火葬

火葬是用火焚烧死者尸体使之化成骨灰，之后将它放入容器埋入土中，或者直接抛洒在水中的一种丧葬方式。从先秦到汉代，火葬最初在少数民族中流行，实行过火葬的少数民族有白族、羌族、彝族、哈尼族、怒族、布朗族、土族、瑶族等。明清以后，只有羌族、彝族及少数地区的拉祜族、纳西族等仍实行火葬。受外来宗教影响，佛教僧侣也实行火葬。

● 悬棺葬

悬棺葬，又称崖葬，是我国古代南方部分少数民族中实行的一种葬俗。具体做法是：在人死后将尸体放入棺木，然后利用木桩将棺木悬挂在悬崖峭壁上，或者放在天然（或人工）的岩洞、崖沟中。悬棺的棺木是如何放在足有数百米高且无路可循的悬崖绝壁之间的洞穴里的？这一直是古今学者苦求而未解的一个谜。关于悬棺葬的由来，在畲族人中流传着这样的传说：上古时期，畲族的始祖盘瓠王与高辛帝的三女儿结为夫妻，生下三男一女，后来他们全家迁到凤凰山狩猎务农。据说盘瓠王是星宿降世，生不落地，死不落土，所以他去世后其子孙就用车轮和绳索把棺木放到凤凰山悬崖峭壁的岩洞中，后来人们代代沿袭，形成了畲族人的悬棺葬习俗。

● 天葬

天葬是在藏族民众比较盛行的一种安葬死者的特殊丧葬方式。在藏区，每一地区都有专门的天葬场，也有专门的天葬师主持这一葬礼。人死后把尸体蜷曲起来，把头屈到膝盖部位，如同母体中的胎儿，然后用白色的藏被包裹，在家停尸数日，择日由背尸人将尸体送到天葬台，天葬师点燃桑烟引来秃鹫，喇嘛诵经超度亡灵后，由天葬师按照一定规矩处理尸体。然后，秃鹫争相啄食尸体，以啄食干净为吉祥，说明死者灵魂安然升天。

● 水葬

水葬是一种相对古老的丧葬仪式，即把死者的遗体投到江河中，我国部分藏族地区和门巴族古俗中曾采用此葬俗。水葬有相对固定的地方，一般在江河的水流湍急处。具体做法是：人死后，请喇嘛念经超度，然后由亲人将尸体背到水葬场用布捆绑，再系上重石头，投入江河中。

除了以上五种葬俗外，中国古代还有其他一些形式的丧葬习俗，比如把尸体悬挂在树上的风葬，以船型器物为容器的船棺葬，用药物来处理尸体的药物存尸等。这些做法与地理环境、民族信仰等有密切的关系。

◇丧葬程序

丧葬习俗是民间办理丧事和处理死者遗体的风俗，是人生仪礼的最后一个环节，标示着一个人度过自己的一生，而进入另一世界。中国传统上有“生有所养，死有所归”的观念，通常对死者都非常尊重，所以会把处理死者遗体看成是非常隆重的事情，从而形成一系列的丧葬程序。以下以汉族葬俗为例，作一简单介绍：

● 停尸

在病人生命垂危时，亲属们要给他沐浴更衣，让他干干净净地到达阴间。病人咽气前，亲属们要把他移到正屋地上准备好的木板上，守护他度过生命的最后时刻，这叫“挺丧”。人刚去世，要用新棉絮或鸡毛放在口鼻上检验是否还有呼吸，叫“属纩”。确定去世后还要举行饭含仪式，也就是在死者的口中放入珠、玉和米饭之类的东西，意思是不让死者饿着肚子到阴间去受罪，而成为饿死鬼。死者尸体安排就绪后，亲人要拿着死者生前常穿的衣服登上屋顶朝北方挥舞，并呼喊死者的名字，谓之“招魂”。

● 报丧

报丧，是指由家属把死者逝世的消息分头告诉亲友和村人。各民族各地区有不同的报丧方式。汉族和满族通常是死者的晚辈家属到亲友家叩头报丧，但不能进家门。怒族人死后，通过吹竹号向村人报丧，也表示为死者的亡魂开路。景颇族成年人死后，家属在家门前敲锣并鸣枪数响，向村民和近亲报丧，人们闻声立即前来帮主家料理丧事。

● 入殓

入殓，又叫入棺、落材，古称“大殓”，意思是将死者放入棺材。入棺后棺盖要错开放在棺身之上，留有缝隙，这样做的目的是希望死者能够生还。待逝者的亲属看上最后一面并做检视后，择吉时盖棺。

● 吊唁

在大殓之后，要有一段时间停柩待葬，有的地方是三天，有的是七天，这一段时间亲属要来吊唁。吊唁，是指死者的亲友在接到报丧消息后前来悼念死者并慰问死者家属。在吊嗐前，家属要提前布置灵棚，摆上灵位举行丧祭。丧祭的程序很多，其中有许多礼俗，如点长明灯、孝子守灵、孝子谢礼等。

● 出殡

出殡，是指把灵柩送到下葬处埋葬，又叫出丧、送葬。在传统的丧葬礼俗中，出殡的程序极为烦琐，大致包括设灵堂、挖墓坑、封棺、辞灵、摔老盆、起灵、上路、路祭等。出殡前一天要布置灵堂，因为人们相信灵魂不死，认为死亡仅仅是灵魂摆脱了肉体的束缚，所以还要帮灵魂找一个安顿之处，演变到后来，便出现了灵堂。人死后，丧家在家门口搭建灵棚，或在厅堂内设灵堂，使死者灵魂有安息之处，也是亲友吊丧死者的场所。灵堂的正中摆放灵柩，前面设祭桌，摆好牌位、香案、蜡烛、三牲及供品等，两边是纸扎。纸扎有纸人纸马、白鹤童子、摇钱树、金山银山、聚宝盆、牌坊、门楼、宅院等，当夜儿孙要烧纸守灵。出殡的当天，起丧前要报庙，即向土地神或者五道爷告灵，禀告死者姓名、生辰等资料，以求土地神或五道爷为死者引路。午后起丧，送葬的队伍中，纸扎在最前，后面跟的依次是乐队、灵柩、死者家属。安葬之后，在坟前烧化纸钱、纸扎和花圈。

●做七

做七，也叫斋七、烧七、七七等，即出殡后，于“头七”起即设立灵座，供木主，每日供奉祭拜，每隔七日作一次仪式，设斋祭奠，依次至七七四十九日除灵止。至此，丧事活动基本结束。

人生仪礼是中国传统文化的重要组成部分，具有重要的道德教育价值，它通过神圣的仪式使仪礼实施者得到深刻的体验。人生仪礼的主要功能是实现其社会角色的转换，仪式中的每一个步骤都蕴藏一定的含义，伴随着仪式的举行，受礼的人和观礼的人都会理解和交流其中的寓意，并达到掌握道德规范的目的。正如英国人类学家维克多·特纳所说的，“仪式创造了一个超越日常互动的特殊时空，使传统的维持和创新得以发生”。

第二章

服饰文化礼俗

中国素有“衣冠王国”之称，我国服饰的发展和演变，深刻反映了社会制度、经济生活、民俗风情的转变，承载着人们的思想文化和审美观念的变迁。从传说中的“黄帝垂衣裳而治”以至“汉家威仪”、“魏晋风流”到“大唐风范”……这些各具风姿的服饰文化景观，写就了中国服饰文化史，影响了中国人的现实生活。

中国素有“衣冠王国”之称，我国服饰的发展和演变，深刻反映了社会制度、经济生活、民俗风情的转变，承载着人们的思想文化和审美观念的变迁。从传说中的“黄帝垂衣裳而治”以至“汉家威仪”、“魏晋风流”到“大唐风范”……这些各具风姿的服饰文化景观，写就了中国服饰文化史，影响了中国人的现实生活。

服饰丰富多彩、复杂多样，根据人的身体构成，可将服饰分为几个部分，即首服、上装、下装、足服等，此外还包括各种佩饰。依服饰的不同功用，又可将服饰分为衣着装饰物，对人体自身的装饰（发式、画眉、描唇、染指甲、文面、文身、缠足、束胸等），具有装饰作用的生产工具、护身武器和日常用品等。

中国古代服饰强调礼仪伦常，一方面，任何人的穿着打扮都要符合自己的身份和地位，反映了严格的等级制度；另一方面，中国古代服饰与各种风俗礼仪密切相关，诞生礼、成年礼、婚丧嫁娶等，对服饰都有着特别规定。服饰的变化意味着新的人生历程的开启。特定节日中穿着的盛装则蕴含丰富的节日庆典的意味，承载着古代人们求吉祈福的心理。

衣冠春秋：服饰的起源与发展

中国服饰的起源可以上溯至旧石器时代晚期，此后服饰发展出一套一直延续的形制，在广阔的历史进程与社会生活中呈现出丰富多彩的样貌。最初的服饰，以遮身蔽体、防寒御暑为主要目的。随着人类文明的不断发展，为适应生产的需要，服饰逐渐变得繁复起来。社会分工复杂、等级严格之后，服饰成为社会角色和等级身份的标志。越向后发展，服饰所蕴含的社会内容（诸如政治观念、文化观念等）也就越丰富。纺织、冶金等手工业的发展，大大促进了服饰的发展。我国古代服饰的变革通常出现在各民族文化交流频繁或社会观念发生重大改变的时期。

在纺织技术尚未发明之前，人类以树叶茅草、鸟羽兽皮蔽体，这些可被视作最初的“服装”。根据出土文物证实，在人类能够生产纺织品作为服装原料之前，以兽皮为基本材料的原始服饰可能早已自成规模。1933 年，在北京周口店山顶洞人遗址中，发现了 1 枚骨针和 141 件钻孔的石、骨、贝、牙等装饰品。据专家分析，当时山顶洞人已经使用线缝制衣服，这种线极可能是鹿的韧带，长度可达半米以上，又细又白，犹如生丝。由此可知，山顶洞人在距今大约两万年前，已经能利用兽皮这一类自然材料缝制简单的衣服。此外，山顶洞人已经具有审美观念，会制作、佩戴装饰品了。

在长期谋求生存的过程中，原始的纺织业初兴，人们开始利用麻、葛编织成衣物。我国是世界上最早饲养桑蚕和纺织丝绸的国家。新石器时代麻、葛织物的痕迹和纺轮等屡被发现。1958 年在浙江吴兴钱山漾的新石器时代遗址中，人们就发现了丝线、丝带、绢片等纺织品。

史籍记载服饰起源于黄帝、尧、舜时期，传说认为从那个时期起开始有了衣裳，从而结束了史前的围披状态。战国时的《吕氏春秋》《世本》中就有黄帝、胡曹或伯余制作衣裳冠冕的记载。西汉时《淮南子》中的记述更为具体："伯余之初作衣也，緂麻索缕，手经指挂，其成犹网罗；后世为之机杼胜复，以便其用，而民得以揜形御寒。"《易·系辞下》载："黄帝、尧、舜垂衣裳而天下治。"在众多远古神话传说中，黄帝、尧、舜被视作文化英雄，他们代表一个时代。从文献记载可知，那时服饰制度初步定型，无论男女、尊卑皆上衣下裳。服饰开始成为礼制的载体，上衣下裳成为我国几千年一直沿用的礼服形式，王公贵族以此为祭服，拜祭祖先和天地。人们从经验中得知，早晨天未亮时，天空是黑色（称"玄"），上衣如天，所以用玄色；而大地为黄色，下裳如地，服色即用黄色，以此表达对天地的崇拜。

夏商时期，人们对服饰的理解日益丰富，服饰不仅仅具有实用的功能，而且被赋予了更多的政治内涵和文化内涵，业已成为“昭名分、辨等威”的工具。服饰的等级制度更加分明，服饰体系进一步完善。甲骨文中可见“衣、履、黄裳、带、袂”等反映服饰着装的字样。从出土的人物形象来看，可见玉佩、玉环、耳坠、项饰、笄、梳，以及丝绸、麻布和铜饰，可分辨出精美的饰物和考究的衣物。不过这些均为贵族所有。

西周“制礼作乐”，定尊卑贵贱，“非其人不得服其服”，服饰形制进一步规范化，并被纳入礼制范围，产生了与之相应的冠服制度。周王朝设司服、内司服等官职，掌管王室服饰。祭礼有祭服，朝会有朝服，而戎服专用于军事，婚嫁之仪也有特定礼服，吊丧时则有严格区分的丧服。另外在服色上也开始有了等级差别。此时，还出现了一种新的服装形制——深衣。不同于上衣下裳，深衣是一种连体式长衣，将上衣下裳缝在一起。因裁剪方便、穿着舒适，深衣广为流传，用途极广，不分尊卑，无论男女，皆可穿用。

战国时期，赵武灵王推行“胡服骑射”，推动了中国服饰的一场大变革。中原地区的人们开始穿上紧窄合身、便于活动的服装。由于连年征战，战国时期各种礼仪逐渐废除不用。“战国七雄”齐、楚、燕、韩、赵、魏、秦各诸侯国的服饰，由于风土所限，相应产生一些变化。从近年来湖南长沙出土的战国楚墓中的彩绘木俑可见，此时的服饰“衣作绣，锦为沿”，衣服肥大，衣料轻薄，以宽沿缠绕下身，以平挺的锦类织物镶边，防止薄衣缠身，边上再装饰云纹图案，将实用与审美巧妙地结合。战国男装以交叉领、窄袖、腰间束带为基本样式，衣长不过膝，以连续矩纹和条纹作为装饰，此种图案与当时漆器器皿的边饰十分相似。

秦始皇统一六国，服饰制度也随之统一。受阴阳五行学说的影响，秦始皇认为周朝“火气胜金，色尚赤”，而秦克周，则为水克火，秦是水德，色尚黑。因此，秦代尚黑，衣饰以黑色为尊贵。透过陕西西安秦始皇陵兵马俑，我们可一睹秦朝军甲服饰的风采。

中国完整的服饰制度在汉朝确立。汉代织染工艺、刺绣工艺和金属工艺发展较快，推动了服饰的变化。

汉代冠制复杂，皇帝戴冕冠、通天冠，文官戴进贤帽，武官戴笼冠，执法官戴獬冠等。汉代遵从古礼穿冕服佩绶、佩玉。皇帝、公卿、诸侯以所系玉石的串珠或丝绳的质地加以区分。皇太后、皇后、公卿夫人等的祭服（谒庙服）、亲蚕服、朝见服和婚服，都采用深衣制。

汉代男子以袍服为贵，将其作为礼服，用于朝会、礼见。官员平时则多穿禅衣。汉代朝服的服色有具体规定，一年四季按五时着服，即春季用青色，夏季用红色，季夏用黄色，秋季用白色，冬季用黑色。禅衣是单层的外衣，禅衣里面有中衣、深衣，服式与禅衣无大区别，只是袖形有变化，都属于单层布帛衣裳。官员在上朝时都要穿黑色禅衣。

汉衣款式以衣襟分类，可以划分为两种：一为曲裾禅衣，即开襟是从领曲斜至腋下；一为直裾禅衣，是开襟从领向下垂直。东汉时期，男子一般穿直裾衣，穿深衣的已经不多了。这种服式既长又宽，从款式上看，官民服用基本没有差别，但从原料和颜色上，却可明显显示等级的不同。

秦汉贵族妇女的服装仍以深衣为主，一般劳动妇女上穿短襦，下着长裙，膝上装饰长长垂下的腰带。劳作男子上身穿襦，下身穿犊鼻裤，并在衣外围罩布裙。这种装束，工奴、农奴、商贾、士人都一样。

魏晋时期规定宫中朝服用红色，常服用紫色，白色为平民百姓服色。这时的服式仍以襦、裙为主，裘是非正式衣服。魏晋服饰虽然保留了汉代的基本形式，但由于与其他文明交流的深入，其风格特征有着独到突出的地方。公元6世纪波斯图案花纹通过“丝绸之路”传入中国，对当时的纺织、服装以及其他装饰物，都产生了不小的影响。从敦煌壁画上可以看到这种影响，这一时期，出现了褒衣博带的流行风尚，大袖宽衫成为汉族贵族男子最具代表性的服装。在首服上，则是文人戴幅巾，有官职的人戴漆纱笼冠。此时汉族女子服装上俭下丰，“杂裾垂髾”是最具代表性的款式。

南朝服式基本上承魏晋之制，但由于战乱和政权的频繁更替，民族的交融，着装多有变化。南朝的朝服仍是玄衣，但服饰用料有所规定，三品官以下不得穿用杂色绮做的衣服，六品官以下只能穿七彩绮，不可使用罗绡。妇女以着裙为正统，不穿裙而露裤被视为无礼。当时女子头上包白纶巾①，衣袖长而且窄，并加以缕雕花纹。跳舞者穿长衫，并在身上披挂很长的带子，头上束纨巾。此外还有袍和衫。衫在晋时已是必着衣的一种。襦、帔、鹤氅，这些都是此时普及的衣装。女子发式名目繁多，著名的有灵蛇髻、飞天髻、云髻等，女子戴假发也很盛行。男女鞋履更加讲究，样式更有特色，如笏头履、凤头履等。南北朝时期，民族交流频繁，各民族文化大融合，裲裆、袴褶是民族服饰融合的产物。

隋唐时期，社会稳定，经济繁荣，服饰雍容大气，百美尽呈。此时服饰品类多，善变化，从外形到装饰均大胆吸收外来服饰特点，多以中亚、印度、伊朗、波斯及北方和西域外族服饰为参考，使唐代服饰文化得到充实：丰富多彩，富丽堂皇，风格独特，奇异多姿。男子服饰特点是：上层人物戴幞头，穿圆领长袍，百官官服以服色区分身份、等级。唐高宗以后，以紫色为三品官的服色，浅绯色为五品官的服色，深绿色为六品官的服色，浅绿色为七品官的服色，深青色为

① 是一种配有青丝带的头巾，传说在三国时诸葛亮平时戴此头巾。

八品官的服色，浅青色为九品官的服色，黄色为宫外之人及庶民的服色。

女子服装浪漫开放，富有时装性。女子通常穿短襦长裙，裙腰系得很高，一般在腰部以上或腋下。唐装襦裙线条柔长，十分优美自如，用料主要是丝织品，因此它的衣物以软和飘柔著称。女裙款式繁多，色彩缤纷。开元年间，出现了袒胸装。唐代女子的发式和妆容多种多样，各有专名。女鞋的式样也是多姿多彩。女穿男服的穿衣方式曾风靡一时，女子还喜爱穿胡服戴胡帽。女子服装的腰带形式也深受胡服影响。在此以前，人们的腰饰以金银铜铁为主，此时流行“蹀躞带”，带上有金饰，并扣有短而小的衣带以作系物之用。这种腰带在唐代最盛，后一直沿用到北宋。盛唐以后，胡服影响逐渐减弱，女服的样式日趋宽大。到了中晚唐时期，这种特点更加明显，一般妇女服装，袖宽往往四尺以上。

唐代服饰对邻国有很大的影响。日本的和服从色彩上大大吸取了唐装的精华，朝鲜服也从形式上承继了唐装的长处。

宋代受程朱理学的影响，服饰一洗唐朝的繁复华丽，呈现出清新、自然、雅致的特点。宋代男子服饰大致有冕服、朝服、便服等形制。皇帝的冕服为衮龙袍、绛纱袍和通天冠。百官的朝服为朱衣朱裳，以腰带和鱼袋来区别等级。朝服上最具特色的配件是“方心曲领”。宋代帝王、官吏的便服是一种圆领大袖衫。幞头是宋代男子的主要首服，帝王、百官皆戴，有直脚、展脚、交脚、朝天、顺风等形状。士庶百姓很少使用幞头，文人以裹巾为雅，并时兴以名人名字命名，如东坡巾、程子巾、山谷巾等。

宋代妇女的上衣有襦、袄、衫、褙子、半臂等形制，下裳则以裙为主。褙子在宋代男女皆穿，尤其盛行于女服之中，是宋代女服最具特色的服装。裙子也深受喜爱，多以罗纱制成，颜色纯正鲜艳，上面还加以刺绣。宋代妇女的头饰和发式非常丰富，梳高髻，髻上插簪钗。缠足在宋代已成习俗，鞋成为女子的主要足服。

五代十国以后，先后出现了辽、西夏、金、元等少数民族为主体的政权。辽、西夏、金分别为中国古代契丹、党项、女真民族建立，服饰反映了少数民族与汉民族的融合。契丹族、女真族的传统服装以长袍为主，一般是窄袖，圆领，衣长至腿部，足下着长筒靴。辽代以官服上的刺绣纹样区分等级，金代则以官服上的花朵纹样大小区分尊卑。契丹男子的发式为独具特色的髡发。女子上身穿直领左衽的团衫，下面穿裙，有时裙上绣着折枝花卉纹，也有穿褙子的。

元代的服饰制度对帝王、百官的服色作了统一的规定。1321 年元英宗命人参照古制，制定了天子和百官的上衣连下裳，上紧下短，并在腰间加襞积，肩背挂大珠的质孙服制，汉人称“一色衣”或“质孙服”。这是承袭汉族又兼有蒙古民族特点的服制。汉族官服多为唐式圆领袍服和幞头，蒙古族官员则穿合领衣，戴四方瓦楞帽。蒙古族的头发式样很多，主要流行辫发和髡发。元代后妃穿交领、左衽、齐膝的袍服，下面穿裙子，脚上穿着软皮靴，戴“顾姑冠”。此外受邻国高丽的影响，贵族后妃们也有模仿高丽女装的习俗。元代平民妇女穿汉族的襦裙，半臂也颇为通行，汉装的样子常在宫中的舞蹈伴奏人身上出现，唐代的窄袖衫和帽式也有保存。

明代恢复汉族传统，明太祖重新制定了服饰制度。规定皇帝的礼服，祭天地、宗庙时用衮冕，一般的祭祀场合用通天冠服。规定官员穿补服，以补子的图案区别官员品级。文官官服绣禽，武官官服绘兽。

明代女子的服装沿袭宋代女装，以衫、袄、霞帔、褙子、比甲、裙子等为主要款式，一般都是右衽，恢复了汉制。贵妇服装有严格规定，大体分礼服和常服两种，礼服由凤冠、霞帔大袖衫、褙子等组成，常服以袄、裙为主。

明代服饰出现了许多新的变化，最突出的特点是以前襟的纽扣代替了几千年来的带结。但是纽扣并非始于明代，元代辫线袄子的腰围部分已出现过钉纽扣的形式。明代还有一种特殊式样的帔子，由于其形美如彩霞，故得名“霞帔”。这种帔子出现在南北朝时期，隋唐时期得此名，到宋代将它列入礼服行列之中。明代服用此式较为普遍，它的形状宛如一条长长的彩色挂带，每条霞帔宽三寸二分，长五尺七寸，穿着时绕过脖颈，披挂在胸前，由于下端垂有金或玉石的坠子，因此越发显得高贵。比甲盛行于明代中期，深得青年妇女的偏爱。比甲本是宫廷中皇后的专用服式，是一种出自元代的无领对襟马甲。后来逐渐传入民间，扩大了穿着范围。从形式上看与隋唐时期的半臂有渊源关系，后来清代出现的马甲，就是这种比甲的变形。

明代服装的另一个特色是襟上佩挂饰物，并且十分醒目，都是些金、珠、玉等材料做成的各种饰物。其中垂挂在胸前的叫“坠领”，系在前襟的叫“七事”，走起路来有响声的叫“禁步”，这些佩饰统称“杂佩”。另有一种特别的佩饰，是在一条金链上，以环相连挂着四件小物件，即镊子、牙签、耳挖子和小刀，都是些妇女的生活实用品。

水田衣是明代一般妇女的服饰，是一种以各色零碎锦料拼合缝制成的服装，形似僧人所穿的袈裟，因整件衣服色彩互相交错犹如水田而得名，它简单而别致，在明清妇女中间深受喜爱。

满族在入关后强行推行满族服装款式，建立了一整套完整而繁缛的服饰制度，废弃了传统的冠冕制度，仅留下十二章纹作为衮服、朝服上的纹饰，用绣有飞禽走兽的补子作为文武官员等级高低的标志。历时数千年的宽袍大袖、拖裙盛冠的服装款式，与衣身修长、衣袖短窄的满装形式，形成鲜明的对比。清代男子以长袍马褂为主，满族女子穿旗装旗鞋，汉族妇女则在“男从女不从”的原则下沿袭着上衣下裙的汉族服式。清代妇女由于缠足风气盛行，多穿小脚鞋，满族妇女则穿着装有木底的旗鞋，称为“高底鞋”。发式也很有特色，满族妇女梳两把头，戴达拉翅。汉族妇女多梳圆髻、大盘头等。马褂、旗袍是清代男女的典型服饰，现已成为中国的最具代表性的传统服饰之一。

服制明尊卑：服饰与礼制

“衣章辨贵贱，服制明尊卑”，服饰是文化的表征，思想观念的外在形态。在中国传统社会，服饰是政治的一部分，标示着身份与地位以及“礼”的秩序。孔子有言：“君子不可以不饰。不饰无貌，无貌不敬，不敬无礼，无礼不立。”周代“制礼作乐”，强调“礼”，并将服饰纳入“礼”的制度之中；礼强调“别”，君臣、父子、男女皆有别，亲疏贵贱更是不同。衣饰上的限制自古迄清都是用以区别贵贱、辨明场合的一种标志。祭礼有祭服，朝会有朝服，节庆有盛装，日常有便服；同时“见其服而知贵贱”，上层贵族们宽衣大袖，装饰华丽，冠帽、鞋履变化繁多；而劳作者们则短衣，束劳作裙，跣足，平头麻鞋，头上裹巾戴帽。不同的性别、年龄、身份、等级、贵贱、职业，从服饰上一见可知。出生、成年、婚礼、丧礼等四大礼仪，各有专用服装，不同等级的人在服饰上有着严格区分。

古代历朝历代都有冠服制度，对服饰的使用加以严格规定，涉及政治生活的诸多方面，如祭祀、朝会等的服制；也涉及社会生活的诸多方面，如婚服、丧服以及社会各阶层的服饰要求等。等级差别蕴含在服饰的色彩、材质、图案、配饰等诸多方面，下层百姓穿衣不得僭越，而上层穿用下层衣饰则被允许，并常常引来服饰的变革与风尚的流行。比如，宋代褙子本是婢妾之服，因婢妾侍立于主妇背后而得名，后成为上层的流行服饰。

◇头巾辨身份

最初，头巾只用于庶民，因此就出现了以头巾称呼庶民的情况。春秋战国时，兵士多用青巾裹头，于是就称士卒为“苍头”，《战国策·魏策》有“苍头二千万”之说。由于这些兵士的出身多为奴隶、庶民，后来索性以“苍头”之名称呼百姓，也有将百姓称为“黔首”的，这也和头巾有关。黔为黑色，“黔首”指黑色头巾。《礼记·祭文》中曾叙及“黔首”，《吕氏春秋·振乱》载“当今之世，浊甚矣，黔首之苦，不可以加矣”，即以“黔首”指代百姓。

后世头巾成为男子普遍使用的首服，但是头巾的式样各不相同。宋代各种不同身份的人物，往往采用不同的头巾。一个人在街上，人们只要看一看他的头巾，就可大致得知他从事何种职业，是何种身份。宋人吴自牧《梦粱录》记载：

“士农工商、诸行百户衣巾装著，皆有等差，香铺人顶，帽披背子；质库掌事，裹巾着皂衫角带。街市买卖人，各有服色头巾，各可辨认是何名目人。”这种风习到了明代有增无减，明代男子对头巾的崇尚程度，超过了以往任何时代。在这两百多年间，先后出现的头巾款式，不下三四十种，如士庶百姓用燕巾、披云巾、四带巾；老年人用老人巾；读书人用汉巾、晋巾、儒巾、云巾、方巾、金钱巾、素方巾、过桥巾；进士用唐巾；皂隶公人用平顶巾、皂隶巾；教坊司官吏用万字巾；僧人用四周巾；道士用雷巾、九阳巾、仙桃巾、纯阳巾、吕祖巾；隐士逸人用华阳巾、高士巾等。

◇服色分等级

此外，服色也不得混淆。古代有“改正朔，易服色”之制，即一个政权建立之初，要施行新的历法，建立新的服饰制度，以体现新政权统治的合法性。依古礼、五行、统治者的个人喜好及染料的贵贱，服色被分为不同的等级。各阶层服色各有规定。官吏因官阶不同而颜色不同，至于商人、奴仆、娼妓等，不与庶人同列，限制更严。如秦汉巾帻，庶民为黑，车夫为红，丧服为白，轿夫为黄，厨人为绿，官奴、农人为青。《礼记·玉藻》记载：“衣正色，裳间色。”间色通常用做公服及朝会之服。公服又分为五等：朱、紫、绯、绿、青。

对于服色，历代有颇多禁忌。古代以白色为丧服颜色。

《礼记·曲礼》载："为人子者，父母存，冠衣不纯素。"父母在时，子女忌穿白衣，忌戴白帽。魏晋南北朝、隋唐时代，忌素服曾一度中断。宋代复又重礼，礼制繁复，在服饰方面厌白尚彩，以白为凶，官方忌白。民间又有男子不戴绿巾、绿帽之俗。自古以来，青绿被视为贱人服色，尤其是在元明清之时，只有妓女、优伶等操"贱业"者才以绿色为服色。明代何孟春《馀冬序录》记载："教坊司伶人制，常服绿色巾，以别士庶之服。"《清稗类钞》记载："嘉庆时，优伶皆用青色倭缎、漳绒等绿衣边，以为美饰，如古深衣。"

◇冠冕之制

首服是冠服制度的重要表现。冠冕、巾帽都属于首服。中国人以冠饰首的风习，早在三代时就已出现，商周之后多用于行礼，成为礼服的组成部分。古代冠饰名目繁多，仅《后汉书·舆服志》就载有近二十种。冠冕之制鲜明地体现着服饰的等级。

冕冠是古代帝王、诸侯及卿大夫祭祀时所戴的礼冠，以旒的多少区分戴冠者的身份。旒是垂在冕板两端的玉珠，以十二为贵，其他依次为九、七、五、三不等。冕冠垂挂玉珠，一可表明戴冠者的身份等级，二可使戴冠者不见不正之物，也增添了外表的端庄与严肃。

汉时，周代之前的冕冠之制已经失传，直到东汉明帝才重新制定冕冠制度。随着朝代的更替，冠饰形制有所损益，但整个冠制体系还承继着遗制。即便在外族执掌政权之时，仍保留着这一冠制。直到清代，冕冠之制才被彻底改变。满族入关之前，已有一套自己的服制；入关之后，强令改变汉族服制；定都北京之后，又正式颁行冠服制度，中国传统的冠冕之制被废弃。清代以顶珠的质料和颜色来区分戴冠者的不同品级。

妇女用来行礼之冠以凤冠为重。早期祭祀中，妇女行礼并不戴冠，而是头戴假髻。宋代正式将凤冠定为礼服，收入冠服制度。明代凤冠形制更为复杂。后妃受册封、跟随帝王祭祀、朝谒等隆重场合皆戴凤冠。明代制度规定，除皇后、嫔妃可戴凤冠外，其他人一般不准收藏，内外命妇礼冠，虽与凤冠形状相似，但冠上只能用金翟，禁止用凤。元代后妃及命妇则戴具有时代特色的顾姑冠。

◇祭服

祭服是古代祭祀时所用的礼服。“国之大事，在祀与戎”，古人尤重祭祀，因此祭服是各类冠服中最庄严的服饰。《礼记·曲礼》有云：“无田禄者，不设祭器；有田禄者，先为祭服。”注：“祭器可假，祭服宜自有。”《春秋穀梁传·桓公十四年》则载：“天子亲耕，以共粢盛；王后亲蚕，以共祭服。”祭祀有大小、轻重、公私之分，穿着参加祭祀的服饰也就繁简不一、各不相同了。周代设司服与内司服之职，专管君王的穿着，不同的祭祀场合配以不同的衣冠服饰。

周代祭祀，祭服有“六冕”，即大裘冕、衮冕、鷩冕、毳冕、希冕、玄冕等六种。大裘冕用于帝王祭天；衮冕用于帝王祭祀祖先；鷩冕用于帝王和百官祭祀先王、行飨射典礼；毳冕用于帝王和百官祭祀山川；希冕用于帝王和百官祭祀社稷；玄冕用于帝王和百官参加小型祭祀活动。按照周礼，后妃不参加天地四方之祭祀，可从王祭于先王先公等。后妃贵妇的祭祀礼服分为炜衣、榆狄、阙狄等。炜衣是王后从王祭祀先祖之服；榆狄为王后祭祀先公之服，因衣上刻画长尾野鸡[①]，故名榆狄；参加小祭祀则服阙狄。视祭礼轻重，祭服形制不同。

周代开始，对帝王礼服的装饰品和专用花纹有了具体规定，即十二章纹。帝王的服装花纹共分成十二种，包括龙纹、山纹、华虫纹、宗彝纹、藻纹、火纹、粉米纹、黼纹、黻纹等。这些花纹只在天子的服装上才会全部出现。诸侯们只能使用龙以下的纹样，士用藻纹与火纹，大夫的服装上可加上粉米纹。

冕服夏商两代已有，周在其基础上发展出较为完备的章服制度，并成为后世典范和服制源头。秦曾废除冕服，以一套上下皆黑的“袀玄”为祭服。直至东汉明帝，才下诏礼官

① 古称“翟”或“狄”。

博采《周礼》《礼记》，对周代祭服进行整理，重新颁布冕服制度。周代至唐宋，凡有祭祀，天子、公卿、大夫皆穿冕服，唯有衣裳上章纹、冕上垂旒数目有差别。魏晋六朝皆承东汉之制。隋代结束了分裂的政治局面，也恢复了衣冠服制，冕服制承接汉魏，并增加了大裘冕制。唐代因袭隋制，仅稍作改变。宋代崇尚礼制，尤重祭祀，三百年间修订服制，祭服所占最重。明代对祭服进行了调整简化，冕服成为帝王的专属。明代建立之初，朱元璋认为古制过于繁复，仅在祭天地、宗庙等特大典礼中，根据汉唐制度采用衮冕之服，其余大小祭祀一概不用。即使是衮冕，也只有皇帝、太子、亲王、亲王世子、郡王可备。群臣的祭服则由梁冠、青衣、赤裳等组成。清代改装易服，男子悉从满俗，传统衮冕之制消亡，仅存汉族祭服中的十二章纹。清代一般祭祀以朝服替代，不同场合，服色不同。清帝太庙祭祖用黄色，天坛祭天用蓝色，日坛祭日用红色，月坛祭月用白色。普通官吏服色只有蓝色和石青色，以纹样区分等级。1914 年，北洋政府政事堂礼制馆再次制定自大总统、文武官员至士庶人等的汉式祭服——祭祀冠服，颁布了《祭祀冠服制》《祭祀冠服图》。祭祀冠服主要由爵弁制的祭冠、玄色的上衣、纁色的下裳以及中衣、大带、靴等所组成，分为大总统、一至五等六种级别，以祭冠前部所缀的冠章和祭服上衣上的章纹圆补等内容作为等级的区分，但因不合时宜，使用时间并不很长。

平民百姓则有私祭，包括祭祖、祭社。他们的祭服虽然形制简单，但也有严格要求。祭祀前必先沐浴，沐浴之后必须穿着以细麻布制成的明衣或新衣，再穿祭服。商周百姓祭服用黑色。之后百姓多以深衣为祭服。宋代有官者私祭，用幞头公服；进士用幞头裥衫；处士用幞头皂衫；庶民用帽子深衣，如实在没有深衣，则用白色凉衫代替。妇女祭服尊卑有序，其制各异。主妇用大衣、长裙，众妾用假髻、背子，未嫁女子用冠子、背子，各自不得混淆。

◇朝服

朝服用于宾礼，即诸侯百官朝觐君王，百官诸侯相互聘问会盟等礼节性往来。周代朝服为皮弁服，以皮弁上的珠玉的色泽和数量区分等级。穿着朝服赴会，皇帝、百官概莫能外。三国魏明帝头戴绣帽、身着短袖便服朝见臣下杨阜，遭杨阜责备："此于礼何法服邪！"明帝无言以对。

自汉历三国、魏晋、隋唐五代，直至宋明，都采用袍制为朝会之服，其中绛纱袍常用做帝王、百官朝会之服。此种袍服，交领大袖，下长及膝，领、袖、襟、裾等都滚以黑边，通常与白纱冠、白纱中单（内衣）、白裙襦、绛纱蔽膝、白袜、黑舄①等配用。

---

① 舄，音 xì，"鞋"的意思。

◇官服

官服是古代官吏在处理公务时所穿的衣服，也称公服。官服的形制要比祭服、朝服简便很多，但是仍然有着严格的等级区分。

西汉官服是一种黑色的袍服，靠冠帽来区分官职的不同和高下等级，并严格执行自周代开始的官绶制度，即佩戴不同的绶带。魏晋南北朝时期，官服基本沿袭汉代式样，直至隋唐时期才有了一个重大改变。唐代官服以颜色和佩戴的鱼袋区分：三品以上紫袍，佩金鱼袋；五品以上绯袍，佩银鱼袋；六品以下绿袍，无鱼袋。这种服色制度，到清代才完全废除。清代只在帽顶及补服上区分品级。

宋代的官服继承了唐代的衣式，并和唐代一样，靠颜色来区分品级。朱元璋建立了明朝后，帝王官员的服饰制度达到了最完备、最繁缛的地步。

明代的官服被称为补服，官服的前胸后背各缀一块补子，补子上绣不同的动物图案，以此区分官员品级高下。清代的官服品级也以衣服上的动物图案来区分。文官一品为仙鹤，二品为锦鸡，三品为孔雀，四品为雁，五品为白鹇，六品为鸬鹚，七品为鸿鹉，八品为鹌鹑，九品为练雀。武官一品为麒麟，二品为狮，三品为豹，四品为虎，五品为熊，六品为彪，七品、八品为犀牛，九品为海马。

观其服，问其俗：服饰与民俗

婚丧嫁娶，生老病死，乃人之常情。不论贫贱，都是人生必经阶段，相应的礼仪与之相随，各种场合的着装、佩饰讲求得体，皆有法度可依，不得含糊。在人生仪礼的每一个重要环节上，服饰往往充当了主要的标志，有着丰富的民俗意蕴。

◇诞生礼中的服饰

旧时，每逢家族添丁的喜事，老辈人要给孩子做虎头帽、狮子帽、相公帽、莲花帽、红兜肚、围嘴、斗篷、披肩、虎头鞋等，表达对孩子的希望和祝福。家人则要给小孩穿百岁衣、戴百岁锁等，以求孩子健康成长。诞生礼包括以下几个方面：生命降生仪式（“洗三”）、进入人群仪式（“满月”）、预卜前程仪式（“周岁”）等。此外，民间认为“百日”也是一个重要的诞生节点。

《诗经·小雅·斯干》载：“乃生男子，载寝之床，载衣之裳，载弄之璋。其泣喤喤，朱芾斯皇，室家君王。乃生女子，载寝之地，载衣之裼，载弄之瓦。无非无仪，唯酒食是议，无父母诒罹。”男性与女性在诞生之初就在服饰上加以区分，待遇各自不同。男孩诞生，睡在床上，穿衣裳，玩王璋。女孩诞生，睡在地上，裹包被，玩纺锤。

满月时，许多地方要为婴儿“去胎发”。满月剃发，仪式隆重，人们通常以银钱、银铃等辟邪求吉的护身符为庆贺之礼。民间把婴儿百日称为“百岁”或“百晬”，以长命百岁为吉。这一天，亲朋好友以衣服、食品、百家锁等相送表示庆贺。孩子满了三个月，则要选一个吉日为其剪发。男孩留左右两角，女孩留前后两处；或者男孩剪去左边头发，女孩剪去右边头发。同时，父亲为孩子命名。周岁生日是诞生礼的最后一个仪式。这一天以“抓周”仪式来检验小孩的天赋，并预测未来前途。

长命锁是儿童佩戴的一种银饰，是一种护身符。家人想借助神力锁住子女性命，使其远离病魔，保佑孩子健康成长。婴儿佩戴的银锁要到结婚时才能取下来。其中有一种叫“百家保锁”或称“百家锁”，由小孩的家人走家串巷，如和尚化缘一般向各户乞讨一文钱，集此钱为孩子打造一把银锁，意为借百家的福寿以保孩子的寿命。北方也叫“化百家锁”。南方则是将白米七粒、红茶七叶用红纸包好，数百包分送给亲友，亲友则包数枚钱送回，家长便以收来之钱打造银锁；或者是挨家挨户分送红鸡蛋，各家以钱回馈，集此钱打造银锁。百岁衣又称“百家衣”，在孩子出生后，由婴儿祖母到左邻右舍索取各色各样的布头，做成衣服穿在婴儿身上，可以消灾纳祥。婴儿戴虎头帽则是由于民间认为老虎乃“百灵之王，可以镇邪”，孩童戴上虎头帽，穿上虎头鞋，可以辟邪驱祟，健康成长。

◇成年礼中的服饰

发式服装的改变，佩戴特定装饰品，正是成年礼的重要标志。《礼记·曲礼》云：“男子二十，冠而字。父前子名，君前臣名。女子许嫁，笄而字。”冠礼和笄礼分别是古代男子和女子成年的仪礼。

在古代，凡是未成年的孩子，不分男女，多将头发集中束于顶，结成两个小髻，左右各一，其形状和牛角有点相似，故名“总角”，因集发为髻，故而叫“总髻”。这种风俗早在先秦时期已经形成，《诗经》中有“婉兮娈兮，总角丱兮”的说法。总角到一定阶段，男女之间就有分别。按古代习俗，男童作角，女童作羁。女婴出生后满三个月，就要选择吉日，剪除胎发，仅在头顶留下一块呈十字形的余发，像马络头那种样子，因形得名，故称为“羁”。男童仍作双角。随着年龄的增长，男子年届二十，则要举行冠礼，女子到了十五岁，也要举行笄礼，以示成年，从这个时候起，男女的发式又有所改变。男的将头发合起来梳成发髻，女的则留发不剪，梳成左右对称的双髻。由于这种双髻与树枝丫杈酷似，所以被称之为“丫髻”，或称“丫头”。发展到后来，“丫头”就成了年轻女子的代称。

古代男子二十岁时举行成年礼，谓之“冠礼”。冠礼通常在宗庙举行，具体日期由其父占卜决定。除了日期之外，父亲还可以事先确定主持加冠仪式的来宾。行礼之日，将冠的男子立于屋内，宾客族人入庙就座之后，请出男子，开始行礼。所谓“加冠”，就是由主持人象征性地给成年男子戴三种冠饰：先加用黑布制成的缁布冠；再加两掌相合状的尖顶皮弁；最后加类似帝王公卿所戴冕冠但不用垂旒的爵弁。三加之后，理发为髻，表示成人。宾客则把酒相贺。《礼记·曲礼》载“男子二十，冠而字”，加冠之后，就意味着已获得成年人的身份，开始走向社会了，所以必须另起个名字。平时在家自称或被长辈称呼用名，在社会上被尊称则用字。只有“冠而字”的男子，才具备择偶成婚的资格，并且要处处遵循父子、君臣、长幼之礼，也就是要有“成人之德”。从商周开始，长期以来，这个仪式是不分尊卑都要经历的。帝王的加冠之礼被称为“加元服”。行过冠礼之后，男子的首服就不一样了，据《周礼》记载，士以上的尊者可以戴冠，庶民则裹一块头巾，直到汉代依然如此。《释名·释首饰》记载：“巾，谨也。二十成人，士冠，庶人巾。”

古代女子年届十五，例应举行“笄礼”，以示成人。笄礼源于周代，据史籍记载，女子年满十五，即被视作成年。在此以前，她们的发式大多作成丫髻，还没有插笄的必要。十五岁时，如果已经许嫁，便可梳挽作成人的发髻了，这时就用得着发笄。古时称女子成年谓“及笄”，没有许嫁或年龄不满十五的女子，仍保持着原来的发式，两者区别十分明显。女子行过笄礼之后，不仅要学着成年妇女的样子，挽髻插笄，还要在发髻上缠缚一根五彩缨线，表示身有所系。从此以后，她的言行举止都要严加检点，在一般情况下，必须深居闺房，不与外界接触。一直到成亲之日，方能由她的丈夫把这根缨线解下，因为她已经成为妇人，不再需要这种标志了。凡是举行过笄礼的女子，不论其成婚与否，都可享受成人的待遇，甚至连去世之后的丧事，也可以按成人的规定办理。

至于还没有许嫁的及龄女子，最迟在二十岁也要举行笄礼。已许嫁的女子举行笄礼，被认为是一件喜事，所以仪式办得比较隆重，届时还要宴请宾客。没有许嫁的女子，笄礼就简单得多，到时只需一位妇人，给这个及龄女子梳上一个发髻，然后再插上发笄即可。仪式完毕之后，则须取下发笄，依旧恢复原来的发型。

古代女子参加笄礼，也称“上头”，花蕊夫人《宫词》中有“年初十五最风流，新赐云鬟便上头”之句。所谓“上头”，就是指女子在插笄之时，同时也梳上了成人的发髻。直到宋代，民间仍保留此俗。不过，笄礼不是随时都可以举行，而多安排在清明节前两天。宋代仍有加笄之礼。《朱子家礼》主张，女子年满十五，纵未许嫁，也可像许嫁女子一样享受同等待遇，参加笄礼，并对笄礼中的服装有着具体规定。主妇腰系勒带，被加笄女子穿褙子，足穿彩色丝履等。到了明清时期，原始的笄礼不复存在，但这种习俗的影响却并未消逝。当时所谓的“上髻”风俗，就是在此基础上衍生出来的。沈榜《宛署杂记》在述及男子“冠礼”时说：“自士大夫家之外，多不待举。惟于嫁娶之时，男家遣人为新妇上髻，女家遣人为新婿冠巾。先期各随所备服饰，以一人礼送其家，犹有古意。”可见在当时，传统的笄礼已经过时，但“上髻”之俗依然存在，只不过形式有所不同而已。民间女子年满十三开始蓄留长发，届时择吉日行礼，以示成年。后来择吉日行礼的仪式逐渐被废除，民间以吃上头糕象征成年。

明清以来，冠笄之礼渐不普遍。这种传统意义的成年礼大多已与婚礼或幼子养育习俗相结合，其成年的象征意义也与其人生的前后阶段相衔接而予以体现。

◇婚礼中的服饰

一朝结发为夫妻，便“执子之手，与子偕老”。服饰是婚礼的重要组成部分，表达着求吉纳祥的民俗心理，体现了新郎新娘身份的转变，新的人生历程的开启。在婚礼中，新婚夫妇需要进行相应的发式及服饰上的改变，婚礼中的装扮有着丰富的民俗蕴涵。婚礼中女性的发式及服装尤其讲究，需要谨慎对待。

新婚夫妇成亲之日要穿规定婚服，宾客也有相应服装。《仪礼·士昏礼》规定士阶层的婚礼，新郎用“爵弁”、“缁袍”；新娘则为“次”、“纯衣”等，即戴假髻、穿镶着绛边的玄色丝衣，并在外面披“景衣”或“明衣”。新郎的陪同必须衣“玄端”，新娘从者必须衣“衬玄”等。汉末魏初，女子出嫁，以纱縠代替景衣蒙面；唐代则以红色蔽膝覆面，即一种大幅方巾。宋代改用盖头。

明清民间议亲，在结婚仪式上，男子为士大夫的打扮，戴方巾罗帽，身穿蓝布直裰；女子则为贵妇装束，戴花冠，穿红色大袖礼服。元明两代，士庶男女婚嫁，还可置办九品官员及命妇的礼服，俗称“借服”，这种风习得到朝廷的特许。九品官员居官秩之末，服制是背后绣鹌鹑，九品命妇的服饰则是大红素罗霞帔。

古时礼俗，女人出嫁前先由女性长辈为其“开脸”（也叫“铰脸”）和“上头”。开脸就是清除脸上的汗毛并整修眉毛,把脸上的汗毛用线铰掉，并描眉毛、画鬓角。开脸之后，闺中少女便成为他人之妇了。上头是将头发挽起，罩上发网，别上钗簪。相对而言，这种在婚礼之中的女子成年礼更为普遍。

发式的改变是女性结婚与否的重要标志。古时一般妇女，年幼时以梳丫髻为主，成年之后，则改梳丫鬟。等到出嫁那天，又把发髻改梳成少妇的发髻，表示成人。如果已过结婚年龄而未出嫁，也只能梳鬟，不能梳髻。杜甫《负薪行》诗云："夔州处女发半华，四十五十无夫家，……至老双鬟只垂颈，野花山叶银钗并。"白居易《新乐府》诗云："知君断肠共君语，君指南山松柏树。感君松柏化为心，暗合双鬟逐君去。"

婚礼之中，要以面衣遮覆新娘脸面。这种做法实际上也是古代蔽面之俗的一个分支，汉魏就已出现，杜佑《通典》里有明确记载，两宋时期沿用此举。所谓"蔽面"，就是用巾帕遮盖住妇女的脸面。从文献记载来看，早在周代，中国社会已存在这种风习。《礼记·内则》规定：男女之间不相授受，不能同用一口水井，同用一床寝席，同用一件衣衾。女子平时必须深居简出，如有特殊原因需要外出，则必须障蔽其面。用以蔽面的巾帕，就被称为"面衣"。汉代妇女承袭周代遗俗，也用面衣。唐代段成式《酉阳杂俎》记录了婚礼中女子蔽面的风俗："女将上车，以蔽膝覆面。"宋代以后，蔽面之习仍然在民间沿袭不衰。据吴自牧《梦粱录》记载，宋代将这种新妇的面衣也称之为"盖头"。在男女成亲前三日，由男方向女方赠送红帛，俗谓"催妆盖头"，到了成亲那天，新娘就戴着这块盖头进入男家，与新郎"并立堂前，遂请男家双全女亲，以秤或用机杼挑盖头，方露花容"。直到近代，新妇出嫁时仍用面衣蒙首，只是为图吉利，这种面衣多用红色。新娘从离开娘家开始，头上就蒙上了这种面衣，到了夫家拜堂礼见，须臾不得揭开，只有在进入洞房之后，方可将其摘去。此时即便坐在她身旁的是个愚氓痴汉，也只能听天由命了。

新婚夫妇还要行“合髻”之礼，各剪下一缕头发，用彩色丝线系在一起，表示结合。唐代晁采《子夜歌》描述了此种“合髻”之礼：“侬既剪云鬟，郎亦分丝发。觅向无人处，绾作同心结。”

◇丧礼中的服饰

中国传统慎终追远，视死如生，无论朝廷还是民间社会，都重视丧礼，对丧礼中使用的服饰有着严格规定，包含着丰富的民俗意蕴。

寿衣指死者所穿服装，在款式上有性别、年龄的区别。八十岁以上的老人去世在民间被视为“喜丧”，被当做喜事来办，所谓“红白喜事”。老人的寿衣往往采用鲜艳颜色，上绘吉祥图案。寿衣需要早早预备，有些地方还要举行仪式，生前穿上寿衣拜菩萨，从菩萨那里获得寿衣的所有权，去了阴间或下辈子转世便不会光身受寒。一般寿衣包括衣五件、帽一顶、鞋一双、衾枕一个。外衣以绸为面料，忌以缎子为面料，因为与“断子”谐音，恐对后代不利。民间至今有十月初一“烧寒衣”的习俗。此日，家人为亡灵烧纸或烧以五色纸做成的寒衣，使故去的人免于受寒，表达生者的追悼。

参加丧礼之人，遵循五服之制，即以丧服的形制表示亲属之间血缘关系的远近亲疏及尊卑关系。至今，人们还用“五服”来表示亲属关系。上到父亲、祖父、曾祖父、高祖父，下到子、孙、曾孙、玄孙，同时还有上述亲属的旁系，都是有服亲，为内亲。母亲一系叫外亲，外祖父母、舅父、姨母、舅表兄弟和姨表兄弟是有服亲，其他人则是无服亲。五服之内是比较亲近的亲属。五服的款式依服孝的轻重，即与死者的亲疏而各不相同。质料和缝制工艺越粗糙，则孝越重。五服分别为斩衰、齐衰、大功、小功、缌麻。五服之制，自周代以后，历代沿袭，其内容大体依据《仪礼·丧服》规定的基本精神而拟定，只不过在具体服用对象及服期的长短方面略有调整。到了明清两代，棉布在普通民众的衣着材料中已占据了主要地位，所以部分丧服也改为棉布制作。

斩衰是丧服中最重的一种，意为直接把粗麻布斩断做成服装，不缝边，形制粗糙，表示穿着此丧服的人心情哀痛。《仪礼·丧服》载：“斩衰裳，苴绖、仗、绞带，冠绳缨，菅屦者。”其中规定，诸侯为天子，臣为君，子为父，父为长子都服斩衰。妻妾为夫，未嫁的女子为父，除服斩衰外，还有丧髻，叫“髻衰”，是用麻系着的发髻。服斩衰者，居丧期为三年，实际上是二十五个月。

齐衰次于斩衰，因其缝边整齐，故称齐衰。齐衰分为四种，针对不同的亲属关系，居丧期各不相同。

大功次于齐衰，以熟麻布制成，较齐衰精细，较小功为粗，故称之为大功。大功居丧期为九个月，用于直系亲属的长殇、中殇以及“姑、姊妹、女子子适人者，从父昆弟；为人后者为其昆弟，庶子；嫡妇，女子子适人者为众昆弟；姪丈夫、妇人，报。夫之祖父母、世父母、叔父母；大夫为世父母、叔父母，子、昆弟、昆弟之子为士者；公之庶昆弟、大夫之庶子为母、妻、昆弟；皆为其从父昆弟之为大夫者；为夫之昆弟之妇人子适人者；大夫之妾为君之庶子；女子子嫁者、未嫁者，为世父母、叔父母、姑、姊妹，大夫、大夫之妻、大夫之子、公之昆弟为姑、姊妹、女子子嫁于大夫者，君为姑、姊妹、女子子嫁于国君者”。

小功次于大功，以细熟麻布制成。凡本宗为曾祖父母、伯叔祖父母、堂伯叔父母，未嫁祖姑、堂姑，已嫁堂姊妹，兄弟妻，从堂兄弟及未嫁从堂姊妹，又外亲为外祖父母、母舅、母姨等，皆用小功，居丧期为五个月。

缌麻是最轻的一种丧服，以细熟麻布制作，较小功服更为精细。《仪礼·丧服》郑玄注：“谓之缌者，治其缕细如丝也”，服期三个月。缌麻的范围十分广泛，主要用于疏远的亲属和亲戚。

衰是父系亲属，大功亲指祖父系亲属，小功亲指曾祖父系亲属，缌麻亲指高祖父系亲属，母系亲属均列入缌麻亲中。

随着时代的变迁，民间社会中的五服之制也随之有所简化。民间丧礼衣白，戴帽，披麻戴孝，常常以所戴孝的颜色来区分五服。

服丧的规矩，表现了家族范围和家族成员的尊卑标准，是以男性为中心的。例如，男子为过世的父亲，服“斩衰三年”；若“父在为母”，即母亲去世，父亲健在，则只能为母亲服“齐衰一年”。若母亲去世时父亲已经亡故，才服“齐衰三年”。但丧服之重仍然不及为父亲所服，因为“父至尊也”，父亲是一家之中最尊贵的人，无论健在或已过世，儿女对母亲的尊崇都不应表现得超过对父亲的。

一个女人出嫁前为亲人服丧的内容与男性并无二致。然而一旦嫁作人妇，则脱离父亲家族（娘家）而进入另一个父系家族（夫家），所有原先对娘家亲人的丧服都随之缩短、减轻，而对原先毫无关系的夫家亲人则产生了服丧的责任。出嫁的女儿对于娘家过世的父亲只能服“齐衰一年”，最重的丧服“斩衰三年”是留给丈夫的（如果其夫先亡）。因为古代“父者，子之天；夫者，妻之天”，女子出嫁，就是变天，丧服也就随之变化了。

第四章
饮食风俗礼仪

我国是一个历史悠久、幅员广阔的多民族国家，由于气候、物产和风俗的差异，各地区人民的饮食习惯和口味爱好亦有很大程度的不同，因而形成了很多具有特殊地方特色的饮食民俗。有道是“仓廪实而知礼节”，随着物质生活条件的改善，饮食不仅仅是满足温饱的物质需求，而且具有情感表达、友情交往的功能，饮食风俗中也就蕴含着浓郁的人文气息和饮食礼仪，尊卑、长幼、亲疏等关系和礼仪都能够得到淋漓尽致的展现。

唐代著名诗人白居易在《问刘十九》中写道："绿蚁新醅酒，红泥小火炉。晚来天欲雪，能饮一杯无？"① 红泥小火炉上，新酿造的泛着细如蚁的绿色的泡沫，醇绵甘洌，香气四溢，尤其是在冬天欲雪的傍晚，更是诱发人们小酌的欲望，诗中素朴、清新的生活语言，牵引我们进入一个令人身心俱醉、把酒深谈的美妙世界。在文人的世界中，酒占据了重要的地位，让我们很容易联想到李白酒后吟诗的酣畅淋漓，张旭酒后狂书的恣肆汪洋。而且酒也频频出现在文人的诗词中，以至于鲁迅先生也在 1927 年专门以魏晋时期文人与酒、药的关系发表了一篇演讲，即《魏晋风度及文章与药及酒之关系》。虽然演讲文稿初衷并非谈酒和药，而是阐述了文学与社会政治、时代风尚、作家个性三者之间的相互关系，但从中我们仍可以看出，饮食风俗对魏晋之际的时代风尚影响很突出。饮食风尚影响人们的行为甚至可以达到"居丧无礼"的地步，"居丧之际，饮酒食肉，由

① 孙育华主编：《唐诗鉴赏辞典》，北京：燕山出版社，1996 年第 1 版，第 668 页。

阔人名流倡之，万民皆从之”①。也就是说，文人的饮食习俗改变了当时整个社会的风尚。

当然，饮食风俗的形成不仅仅是文人的功劳，也是社会大众包括普通民众共同作用的结果。“衣食足而知荣辱”，饮食关系到老百姓的生死存亡，也是保证人类种族得以繁衍的物质基础，亦即“民以食为天”的真正意义。

我国是一个历史悠久、幅员广阔的多民族国家，由于气候、物产和风俗的差异，各地区人民的饮食习惯和口味爱好亦有很大程度的不同，因而形成了很多具有特殊地方特色的饮食民俗。有道是“仓廪实而知礼节”，随着物质生活条件的改善，饮食不仅仅是满足温饱的物质需求，而且具有情感表达、友情交往的功能，饮食风俗中也就蕴含着浓郁的人文气息和饮食礼仪，尊卑、长幼、亲疏等关系和礼仪都能够得到淋漓尽致的展现。

饮食之道：文化空间里的食俗

中华民族自古以来就特别重视饮食，《论语·乡党》中有“食不厌精，脍不厌细”的记载。孔子对饮食非常讲究，甚至可以说很挑剔，他说：“失饪，不食。不时，不食。割不正，不食。不得其酱，不食。”翻译成白话文就是：烹调

① 鲁迅：《而已集》，北京：人民文学出版社，1980 年第 1 版，第 105 页。

不当，不吃。不应时的东西，不吃。肉切得不方正，不吃。佐料放得不适当，不吃。孔子对饮食的重视，自然也影响了中国的饮食文化和习俗。

经过历史的沉淀，我们的饮食不仅在原料（包括原料的选、配、调料等）、做工（烹、炸、煎、炒、蒸、煮、烙等）、火候（大中小火或几成火、多长时间等）、形制、色彩、气味和口感等方面都十分讲究，甚至用什么餐具、怎么吃等都有一定的要求，再加上各民族各地区饮食的差异，从而形成了今天能够体现中华民族伦理思想、道德观念、民族心理、生活方式、民间信仰等具有深厚文化内涵的各地不同的饮食风俗。

◇搭配合理的饮食结构

中国人的传统饮食习俗是以植物性食物为主，主食是五谷，辅食是蔬菜，外加少量肉食，分述如下：

● 以植物性食物为主，以肉食为辅

过去，平民百姓很少能真正地享受粮食，大多是半年糟糠半年粮，或日食半粮半糠或蔬菜。但在不同阶层中，食物的配置比例不尽相同。因此古代又称在位的士、大夫以上的贵族为“食肉者”，称平民为“蔬食者”。

我国传统饮食结构以植物性食物尤其是稻谷和小麦为主。

《黄帝内经·素问》中就提出，“五谷为养、五果为助、五畜为益、五菜为充”①。唐代王冰注解说：五谷为粳米、小豆、麦、大豆及黄黍；五果为桃、李、杏、栗、枣；五菜为葵、薤、藿、葱、韭；五畜为牛、犬、羊、猪、鸡。不但水果、蔬菜是补充性食物，肉食也是辅助性的实物。《论语·乡党》记载：“肉虽多，不使胜食气。”就是说，席上的肉虽多，但吃的量不能超过米面的量。而《礼记·王制》记载：“诸侯无故不杀牛，大夫无故不杀羊，士无故不杀犬豕，庶人无故不食珍。”家畜不能任意宰杀，这是为什么呢？可能有两个原因：一是因为在古代牲畜是用来力役耕田的，屠戮食用会影响农业畜力的使用；二是古代人的温饱尚成问题，喂养牲畜的饲料基本短缺，因而牲畜本来就很稀少，只能在祭祀、庆典等特殊情况下才可以宰杀、享用，亦即《国语》“庶人食菜，祀以鱼”之所述也。

当然，因地理、气候、水分、温度等差异，南方地区主要种植水稻，北方地区主要种植麦类，所以，南北方在主食上有明显不同。居住在北方的汉族大部分以小麦面粉做成的馒头、包子、水饺、面条等面食为主食。一部分地区（如山西、陕西、内蒙古）以当地的主要农作物——荞麦的面粉为

① 崔为：《黄帝内经·素问译注》，哈尔滨：黑龙江人民出版社，2003年第1版，第138～139页。

主食。而生活在南方地区的汉族和少数民族主要以大米和糯米为主食。除了米饭、米粥外，南方人还特别擅长制作各种米糕、米线、汤圆等。

• 以熟食、热食为主，以冷食、生食为辅

这与中国文明开化较早和烹调技术的发达有关。如考古学者曾在距今 50 多万年前的北京周口店遗址中，发现了灰烬、石块、石片和兽骨，说明当时我们的先民不仅会用火烧烤肉食，可能还学会了用石片烙食兽肉。中国古人认为，“水居者腥，肉玃者臊，草食者膻”，热食、熟食可以“灭腥去臊除膻”。当然，和古代汉民族不同，生活在我国边远地区的一些少数民族则多生食，至今仍有传承。据《礼记 · 王制》载：“中国戎夷，五方之民，皆有其性也，不可推移。东方曰夷，被发文身，有不火食者矣。南方曰蛮，雕题交趾，有不火食者矣。西方曰戎，被发衣皮，有不粒食者矣。北方曰狄，衣羽毛穴居，有不粒食者矣。”① 可见，在当时的民众观念中，是把是否吃谷物和熟食作为华夷之别的标志。东汉末年著名女诗人蔡文姬远嫁匈奴后，就因过不惯那种以食肉类和奶制品为主的生活，哀叹“冰霜凛凛兮身苦寒，饥对肉

---

① 孔子编，陈澔注：《礼记》，上海：上海古籍出版社，1987 年第 1 版，第 74 页。

酪兮不能餐”。因为饮食习俗不同，身居异地的蔡文姬生活得很痛苦，同时诗中也自然流露出其民族情感。

◇风味不同的名肴菜系

目前，一般对我国传统菜系的划分有三种说法：一是从方位区分为四大菜系，即东部的江浙菜系，旧称淮扬派，以上海菜为代表；西部的川湘菜，以四川菜为代表；南部的粤菜，以广东菜为代表；北部的京菜，旧称济南派，以北京菜为代表。二是八大菜系，即川菜、粤菜、鲁菜、苏菜、徽菜、湘菜、闽菜、浙菜，影响最大的是川、鲁、粤、苏菜。三是十大菜系，即在八大菜系之上加鄂菜和沪菜。

当然，由于菜系不断融合和产生新的分支，所以造成菜系划分不一。现将八大菜系略加分述：

• 川菜

川菜以擅长调味见长，素有“一菜一格，百菜百味”的美誉。以成都风味为正宗，包含四川盆地境内几个菜系派别，如重庆菜、乐山菜、绵阳菜、自贡菜、内江菜等。相传汉魏六朝时川菜即具特色，至今已有千年以上的历史。川菜以小煎、小炒、干烧、干煸见长，以味多、味广、味厚著称。调味多用辣椒、胡椒、花椒和鲜姜，味重麻、辣，麻味为其他地方菜所少有。

代表菜有回锅肉、鱼香肉丝、灯影牛肉、东坡肘子、水煮牛肉、夫妻肺片、干煸鱿鱼、宫保鸡丁、麻婆豆腐、怪味鸡块、钵钵鸡等。相传20世纪30年代，成都郭朝华夫妇沿街设摊以出售肺片为业，因制作精细、风味独特而为群众喜爱，“夫妻肺片”因此得名。

● 粤菜

粤菜由广东菜、潮州菜、东江菜为主体构成，其中以广州菜为代表。

粤菜的最大特点是用料广泛，居于各菜系之首。南宋时就已经十分出名，以致当时的人在提及广东菜时称之“不问鸟兽虫蛇，无不食之”。粤菜最有名的是蛇餐，就是人们常说的“龙虎斗”。其实早在150年前，这个菜是“烹黄鳝田鸡”，与蛇无关，后来才改用“三蛇”与“豹狸”烩制而成。蛇餐在广东至少已经有了两千年的历史了，《淮南子》里记载说，“越人得蚺蛇，以为上肴”。

代表菜有烤乳猪、鬼马牛肉、龙虎斗、冬瓜盅、文昌鸡、烩蛇羹、开煲狗肉、梅菜扣肉、东江盐焗鸡等。

● 鲁菜

鲁菜发端于春秋战国时的齐国和鲁国（今山东省），形成于秦汉。宋代后，鲁菜就成为“北食”的代表，是我国八大菜系之一。鲁菜可分为济宁、济南、胶东三个分支，讲究调味纯正，口味偏于咸鲜，具有鲜、嫩、香、脆的特色。鲁菜十分讲究清汤和奶汤的调制，清汤色清而鲜，奶汤色白而醇。

代表菜有酱爆鸡丁、奶汤蒲菜、油爆大蛤、糖醋鲤鱼、烧海螺、清蒸加吉鱼、炸蛎黄、葱油海参、九转大肠等。仅以九转大肠为例，它是清光绪年间，济南九华林酒楼店主，把猪大肠（直肠）洗刷后，加香料用开水煮至硬酥，取出切段，加酱油、糖、香料等调味，制成香肥可口的红烧大肠。后来这道菜在制作方法上又有所改进，使红烧大肠的味道更为鲜美。为取悦店家喜“九”之癖，并称赞厨师制作此菜像道家“九炼金丹”一样精工细作，人们便将其更名为“九转大肠”。

● 苏菜

苏菜主要有淮扬（扬州、淮河一带），江宁（镇江、南京），苏锡（苏州、无锡）和徐港（徐州、连云港）四大部分组成。

早在两千多年前，吴人即善制炙鱼、蒸鱼和鱼片。一千多年前，鸭已为金陵美食。南宋时，苏菜和浙菜同为“南食”的两大台柱。苏菜擅长炖、焖、蒸、炒，重视调汤，保持原汁，风味清鲜，浓而不腻，淡而不薄，咸甜醇正适中，酥烂脱骨而不失其形，滑嫩爽脆而益显其味。

代表菜有烤方、水晶肴蹄、清炖蟹粉狮子头、金陵丸子、黄泥煨鸡、清炖鸡孚、盐水鸭（金陵板鸭）、金香饼、鸡汤煮干丝、肉酿生麸、凤尾虾、三套鸭、无锡肉骨头、蜜汁火方、沛县狗肉等。

● 湘菜

湘菜历史悠久，早在汉朝就已经形成菜系，烹调技艺已有相当高的水平。《史记》中记载楚地“地势饶食，无饥馑之患”。俗话说：“湖南人不怕辣，贵州人辣不怕，四川人怕不辣。”湘西菜擅长香酸辣，具有浓郁的山乡风味。

湘菜由湘江流域、洞庭湖流域和湘西山区三种地方风味菜组成，具有鲜明的特色，选料广泛，品类丰富，调味精细。

代表菜有麻辣仔鸡、东安仔鸡、腊味合蒸、红煨鱼翅、金钱鱼、酸辣红烧羊肉、洞庭肥鱼肚、吉首酸肉等。

● 浙菜

浙菜富有江南特色，历史悠久，起源于新石器时代的河姆渡文化。浙菜主要由杭州、宁波、绍兴、温州四个流派组成，各自带有浓厚的地方特色。杭州菜以爆、炒、烩、炸为主，工艺精细，清鲜爽脆，选料讲究，烹饪独到，注重本味，制作精细。

代表菜有西湖醋鱼、龙井虾仁、干炸响铃、油焖春笋、生爆鳝片、东坡肉、莼菜黄鱼羹、清汤越鸡等。

• 闽菜

闽菜主要由福州菜、厦门菜、漳州菜、莆田菜、泉州菜等组成，其特点为：一是烹饪原料以海鲜和山珍为主。二是刀工巧妙，一切服从于味，刀工素有“片薄如纸，切丝如发，剞花如荔”的美称。三是汤菜讲究，变化无穷。四是烹调细腻，特别注意调味。如福州菜，突出特色是“糟法”，它的炝糟、爆糟、炸糟能配合主料而成名菜。糟是用糯米、红米和酒药泡制，封藏一年后而成，呈玫瑰红色，味香甜酸，人称“红糟”。

代表菜有佛跳墙、太极明虾、小糟鸡丁、清汤鱼丸、鸡丝燕窝、沙茶焖鸡块、荔枝肉等。

• 徽菜

徽菜发端于唐宋，兴盛于明清，新中国成立后进一步发展。徽菜由徽州、沿江、沿淮三个地方菜组成。徽菜的特色是重色、重油、重火功。

代表菜有红烧果子狸、火腿炖甲鱼、红烧划水、符离集烧鸡、黄山炖鸽、奶汁肥王鱼、毛峰熏鲥鱼等。

◇茶与酒

● 茶韵芬芳

茶在中国有悠久的历史。相传，神农氏发明药材、教人治病、尝百草，日遇七十二毒，得茶而解之。所以，陆羽称"茶之为饮，发乎神农氏"。至商汤开始用茶做饮料，茶就被人们普遍饮用了，而饮茶之风的广泛普及则在唐代，这可能与当时佛教的兴盛有关。唐人封演在《封氏闻见记》卷六中记载："南人好饮之，北人初不多饮。开元中，泰山灵岩寺有降魔师大兴禅教。学禅务于不寐，又不夕食，皆许其饮茶。人自怀挟，到处煮饮。从此转相仿效，遂成风俗。"当时，从贵族、士大夫到僧人、隐士、市井庶民，爱好饮茶之风与日俱增。

关于茶的记载，汉代司马相如撰写的《凡将篇》中就有茶的记载，而关于茶叶记载最有价值的文献则是王褒的《僮约》，至唐代学者陆羽不仅嗜茶如命，而且对茶很有研究，世界首部茶叶专著《茶经》就出自他之手，书中"言茶之源、之法、之具尤备"，陆羽因此被海内外人士尊称为"茶圣"、"茶仙"、"茶神"。

关于茶的功效，《神农本草经》记载："苦菜，味苦寒。主五脏邪气、厌谷胃痹。久服，安心益气，聪察少卧、轻身耐老。一名茶草，一名选，生川谷。"《茶经》也记载说饮茶能“有力、悦志”，也就是能起到振作精神、乐观向上的作用。

饮茶之风源自文人贵族对茶的喜爱，后得以传播，遂成风俗。茶和文人有不解之缘，自古以来，茶就是文人骚客吟咏的题材。试想，几个朋友相聚，在雅室内煮上一壶茶，在茶香四溢的氛围中轻品茶茗，谈诗论画，任思绪自由驰骋，是何等的惬意。事实上，茶和文人、诗歌不可能没有联系，正是在茶韵悠悠的雅致情境中，文人们诗兴盎然，写下了很多关于茶的曼妙诗句。

西晋时，诗人张载写下了第一首《登成都楼诗》：

芳茶冠六清，溢味播九区。
人生苟安乐，兹土聊可娱。

古代的“茶”，也就是现在的茶叶。中唐诗人卢仝嗜茶如命，擅长煮茶，他的名篇《七碗茶》写道：“碧云引风吹不断，白花浮光凝碗面。一碗喉吻润，两碗破孤闷，三碗搜枯肠，惟有文字五千卷。四碗发轻汗，平生不平事，尽向毛孔散。五碗肌骨清，六碗通仙灵，七碗吃不得也，惟觉两腋习习清风生。”把个“不夜侯”描绘得有声有色，堪为千古绝唱。

大诗人元稹更是创造了“一七体”，写下了著名的一言到七言的宝塔茶诗：

茶。

香叶，嫩芽。

慕诗客，爱僧家。

碾雕白玉，罗织红纱。

铫煎黄蕊色，碗转曲尘花。

夜后邀陪明月，晨前命对朝霞。

洗尽古今人不倦，将知醉前岂堪夸。

元稹的这首宝塔茶诗，从茶的本性说到了人们对茶的喜爱，还从茶的煎煮说到了人们的饮茶习俗及茶能提神醒酒的功用。对茶深有感情的陆羽，在颜真卿、刘长卿等名人挚友都先他而死后，对生命的体悟更加深切。病逝前，他留下脍炙人口的《六羡歌》：

不 黄金 ，不 白玉杯；

不 朝入省，不 暮入台；

千 万 西江水，曾向竟陵城下来。

有学者认为“西江水”这一意象是指宜于煎茶的故乡的河水，也代指绵绵不尽的乡情，其中包括他对恩人智积禅师的怀念……

诗仙李白的咏茶诗则充满想象，视野开阔，从而成为咏茶诗的名篇。

常闻玉泉山，山洞多乳窟。

仙鼠如白鸦，倒悬清溪月。
茗生此中石，玉泉流不歇。
根柯洒芳津，采服润肌骨。
……

诗圣杜甫则边品边吟：

落日平台上，春风啜茗时。
石阑斜点笔，桐叶坐题诗。
翡翠鸣衣桁，蜻蜓立钓丝。
自逢今日兴，来往亦无期。

全诗人化自然和自然人化相结合，情景交融、动静结合，声色并茂、虚实相生，美不胜收。

而诗魔白居易以清冽的山泉煎茶时，不禁轻轻低吟：

坐酌泠泠水，看煎瑟瑟尘。
无由持一碗，寄与爱茶人。

诗人的茶道境界已非品茶本身，而是由整个精神境界来欣赏茶，全然从脑海跳出喝茶的环境、器物与心情。

北宋著名诗人苏轼《次韵曹辅寄壑源试焙新茶》一诗中将好茶比作美女，喜好之情跃然纸上：

仙山灵草湿行云，洗遍香肌粉未匀。
明月来投玉川子，清风吹破武林春。

要知冰雪心肠好，不是膏油首面新。

戏作小诗君莫笑，从来佳茗似佳人。

苏轼的另一首咏茶诗，意境之美，美不胜收，能将人带入意境美和情趣美之中。

酡颜玉碗捧纤纤，乱点馀花唾碧衫。

歌咽水云凝静院，梦惊松雪落空岩。

南宋爱国诗人陆游，对家乡绍兴的日铸茶更是爱惜有加，其诗作中单咏茶诗就有三百首。“日铸焙香怀旧隐，谷帘试水忆西游”，“汲泉煮日铸，舌本方味永”，“嫩白半瓯尝日铸，硬黄一卷学兰亭”，“诗情森欲动，茶鼎煎正熟”，“北窗高卧鼾如雷，谁遣香茶挽梦回”等都可作是咏茶诗中的佳作。

● 酒池溢彩

我国酿酒起源很早，源自华夏族祖先偶然发现自然界酒的存在。到了新石器时代，随着陶器的出现，华夏族祖先逐渐酿造出果酒。但民间普遍认为酒是杜康酿造，也有文献记载认为是仪狄酿造的，实际上这些都只是传说。用谷物酿酒是人类进入农业时代以后才出现的，晋朝江统在《酒诰》中说“有饭不尽，委于空桑，积郁成味，久蓄气芳”，即吃剩的饭丢在树洞里，自然就可发酵成酒。

我国人民饮酒的历史悠久，至少已有五千多年了，龙山文化遗址内发掘出来的陶制酒具就是证明。夏商时代，饮酒之风已经相当盛行，如在河南安阳殷墟出土商朝武丁时期（公元前1200多年）近两百件青铜礼器中，各种酒具就占了70%。据说孔子就很爱喝酒，每次用酒从不限量，以不醉为原则，即“唯酒无量，不及乱”，被后人尊为“饮宗”、“酒圣”。唐代著名诗人李白、白居易、杜甫、杜牧都有脍炙人口的关于酒的诗篇流传，千百年来被人们反复吟唱。

唐代天宝年间，大诗人杜甫以饮酒为题目，用追叙的方式，写了一首《饮中八仙歌》，遂成为咏酒诗之千古绝唱。

知章骑马似乘船，眼花落井水底眠。
汝阳三斗始朝天，道逢曲车口流涎。
恨不移封向酒泉，左相日兴费万钱。
饮如长鲸吸百川，衔杯乐圣称避贤。
宗之潇洒美少年，举觞白眼望青天，
皎如玉树临风前，苏晋长斋绣佛前。
醉中往往爱逃禅。李白一斗诗百篇，
长安市上酒家眠，天子呼来不上船，
自称臣是酒中仙。张旭三杯草圣传，
脱帽露顶王公前，挥毫落纸如云烟。
焦遂五斗方卓然，高谈雄辩惊四筵。

这首诗记述了唐代贺知章、李琎、李适之、崔宗之、苏晋、李白、张旭、焦遂等八仙饮酒时的不同神态，以及不拘礼节、落拓不因的豪爽性格。

著名诗人杜牧也在《江南春绝句》，写了一首传唱千古的佳作，其中酒肆也是重要内容。

千里莺啼绿映红，水村山郭酒旗风。
南朝四百八十寺，多少楼台烟雨中。

该诗反映了当时江南酒肆普遍，成为春天艳丽多姿的自然风光中的重要内容，同时也反映了当时江南人民丰富多彩的社会生活。

北宋著名文学家苏东坡，也是著名的酒徒。“明月几时有，把酒问青天”，我们从他嗜酒如命和风度潇洒的神态中，可以寻到李白和白居易的影子。他的诗，他的词，他的散文都有浓浓的酒味。

酒不仅融入中国人的日常生活，人们借酒传达着不同的情感，而且渗入艺术创作中。文人借助酒兴，吟诗作画，屡屡创作流传千古的绝品之作。如东晋大书画家被称为“天下第一行书”的《兰亭集序》，就是在酒醉后意兴阑珊中挥写的，后来在清醒状态下再怎么书写，也无法达到当时的创作境界。

日常饮食：“以食为天”的常规食俗

饮食是人类赖以生存和发展的第一要素。在殷商甲骨文中，人们并未发现“饮”，只发现了“食”。大约到春秋战国时期，“饮食”二字开始合用。《礼记·礼运》有“夫礼之初，始诸饮食”，“饮食男女，人之大欲存焉”，《汉书·郦食其传》说“王者以民为天，而民以食为天”，可见饮食在人类生存和社会发展中占有十分重要的地位。

◇各地饮食风俗

中国各地的日常饮食概括起来就是“粗茶淡饭”，体现了老百姓省吃俭用过日子的总原则。过去大多数地方日常是不吃炒菜的，就靠各种酱、腌菜、豆豉、泡菜过日子，熬到农忙、过节、敬神祭祖、谁家办事，就大吃一顿。

大多数地区通常一日三餐，但亦有两餐、四餐甚至五餐的情况，如长江流域赶时间忙插秧的时候，常常是一日五餐，大鱼大肉，所以有谚语说“小孩望过年，大人望插田”。

● 东北地区

由于气候寒冷，农作物以小麦、玉米、高粱为主，当地人以面粉为主食，喜食粗粮，常见的有苞米饼子、大饼子、窝窝头、小米饭和高粱米饭。有挖窖储存蔬菜和腌制酸菜、咸菜的习惯。东北人日常的特色食品是混合米饭，如用大米、小米制作的二米饭，以米粮加入部分豆米。

● 西南地区

西南地区少数民族众多，形成了极为丰富的西南少数民族饮食风格。由于气候湿热，当地人有食酸的习俗，擅长饮酒，喜喝茶。彝族喜欢喝酒，酒分甜、辣两种，过去都是在自己家中酿造。甜酒用糯米酿制，辣酒用高粱或玉米酿制，民间有“无酒不成礼”的传统。傣族喜食糯米饭，再吃酸性食物助消化，因而被称为“酸傣族”。景颇族口味偏好酸辣，不用碗筷，常用芭蕉叶裹食。腌菜很有特色，水豆豉、干豆豉、酸竹笋、腌茄子等，开胃爽口。西南地区的基诺族最具有风味特色的菜肴就是酸蚂蚁蛋汤。纳西族常吃杂锅菜，早餐喜吃丽江粑粑、酥油茶，喜欢饮酒，爱吃酸辣和腌腊制品。壮、黎族有嚼槟榔片的习俗。

● 西北地区

过去，陕北高原上的人们过日子比较艰苦，经常是糠菜半年粮，只在正月和麦收等季节才吃得好一点，正如当地的谣谚所说：“正月里红红火火，二月里捏捏搁搁，三月里菜儿抹合，四月里豌豆角角，五月里白面馍馍。”该地区地广人稀，除汉族外，有维吾尔族、回族、蒙古族等近二十多个少数民族。其中哈萨克牧民以牲畜肉类和奶制品为主食，米、面为辅食，马奶酒为主要饮料。维吾尔族以面粉、大米为主食，肉食以羊肉为主，馕是特色食品，喜食抓饭，喜喝奶茶、红茶。

● 东南地区

东南地区是我国稻作文化的发源地，大部分地区种植稻谷，以米饭、米粥为主食。如宋代，福建各地的水稻品种就已十分丰富。成书于宋代淳熙年间的《三山志》中记载，作为当时福州地区居民主食的稻米品种就多达27种，加上有丰富的水产可捕捞，所以东南地区被称为“鱼米之乡”。《史记·货殖列传》记载，“楚越之地，地广人稀，饭稻羹鱼”。

除了稻米外，旧时东南地方还存在以番薯等为主食的习俗。这在东南山区和滨海渔乡很明显。如浙江舟山，因山多地少，渔民均以番薯为主食，而以大米辅之。当地流传这样的谚语：“舟山人扯淡，番薯当干饭。”① 旧时东南山地的台族也多以番薯为主食，如民国时浙江丽水地区的畲族，“以番薯为正粮，玉米次之，常年食米者，寥若星辰，纯米之饭，仅宴贵客时一用而已”②。

东南地区是我国鱼、肉、蔬、果的主要产地，因此副食品十分丰富。尤其是沿海地区，海鲜资源丰富，有便利的水

---

① ［日］铃木蛮男：《浙江民俗研究》，浙江：浙江人民出版社，1992年第1版，第231页。

② 施联朱：《畲族风俗志》，北京：中央民族学院出版社，1989年第1版，第41页。

产条件，因而沿海地区居民长期保持有嗜食海鲜的民俗，如潮州“所食大半取于海族，故蚝生、鱼生、虾生之类辄为至味”①。

● 青藏高原地区

青藏高原地区是我国人口最稀少的地区，以藏民为主，饮食以青稞、小麦为主粮，糍粑是农区主食，牛羊肉和奶制品是牧区主食。青稞酒和酥油茶是藏民日常生活离不开的饮料，也是待客佳品。在饮食上，藏族人忌食奇蹄五爪类、禽兽类，如马、驴、骡、鸡、鸭、鹅等。大部分地区的藏族人也不食海味及鱼类。

◇传统饮食礼仪

“夫礼之初，始诸饮食”，这就是说，我国风俗礼仪是从饮食活动中发端的。“礼”字的本义就是“豊”，是把食品放在豆这一食器里供奉给神的意思。古人在饮食中讲究敬献的仪式，敬献用的精美食品便为“醴”。后来把所有各种尊敬神和人的仪式都概称为“礼”，并推而广之，把生产和生活中的风俗习惯和遵循的准则都称为“礼”。

饮食活动中的礼仪规范，要求人们在筵席上体现尊卑有

---

① 周硕勋：《潮州府志·卷十二·风俗》，光绪十九年（1893年）刻本，保安总局出版。

序、长幼有礼、“贵贱不相逾”，以培养“尊让契敬”的精神。《礼记·经解》解释乡饮酒礼的社会功能时说：“乡饮酒之礼，所以明长幼之序也；……乡饮酒之礼废，则长幼之序失，而争斗之狱繁矣。”古代饮食礼俗在待客之礼和进食之礼方面，要求安排筵席时酒食的摆放讲究位置。主人引导客人入席，安排座次要讲究尊卑长幼，通常坐西向东为上座。

饮食中的礼仪，上行下效，由宫廷、贵族逐渐影响到民间。如宴会排座次，民间至今仍以长幼、尊卑、亲疏、贵贱而定。古代的“男女不杂坐”或“男女不同席”的礼仪至今仍在产生作用，使得许多农村妇女在家里不能在酒席上就座。而“等人立莫坐”的规矩，作为一种礼仪在今天仍起作用，尊者或客人没有入座前，其他人是不能入座的。

清代以来，宴席的座位一般是男坐于东，女坐于西，以北为上座，席首坐亲戚，席次坐邻友，再次坐宗族，有“一亲、二友、三本家”之说。虽然各地可能略有差异，但决定席位尊卑的基本原则有两条：以左为主，以右为次；以背靠神龛（中堂）为主，以面对神龛为次。但其原则的运用要视餐桌在整个空间的相对位置、座位在餐桌的相对位置等具体情况而论。

宴席上，礼仪规范着每一位客人。按《礼记·曲礼》的记载，客人不能大口喝汤，进食时口中不要发出声响，不要把咬过的鱼肉放回盘中，不要啃骨头使主人误以为肉不够吃；

也不要把骨头扔给狗吃，这也是一种轻视主人待食的表现；不要在餐桌上拨弄牙齿等。如有违反，就是失礼，会惹得主人反感、生厌。这些礼仪直到今天仍发生作用，我们从一些民谚、俗话可窥一二，如“主不喝，客不饮”，“舍命陪君子”，“先喝为敬”等是宴席上饮酒之礼；“来客不筛茶，不是好人家”，“饭要盛满，茶要斟浅”，“一杯苦、二杯补、三杯洗肠肚”，说的是来客斟茶之礼；“办酒容易请客难，请客容易款客难”，说的是请客待客之礼；“坐有坐相，吃有吃相”，说的是做客形态之礼。汉语中“客气”一词，如今被广为运用，但追根溯源，则是古代人们请客做客受礼拘束的表现，以致今天人们请客，都要声明一句：“别客气!”这就是日常饮食礼仪规范人们行为的结果。

此外，中国人的餐制习惯也颇有特色。在秦汉以前，人们大约是一日两餐。人们把第一餐叫做“饔”，就餐时间大约在太阳运动到东南方向的时候。第二餐叫“飧”，进餐时间在下午四点左右。汉代以后，随着生产力的发展，一日两餐制变成一日三餐制。

当然，随着人类文明的进步，社会的快速发展，饮食礼仪已逐渐简化、淡化，这是社会进步的表现。但是我们也应该看到，礼仪并不是社会进步的对立面，饮食礼仪在使人感到不自由、少情趣的同时，也遏制了人的贪婪、自私和非理性、不文明的行为。因而，民间饮食礼仪在中国礼俗中的地位和作用，是不能一笔勾销的。

节日饮食：过渡仪式的特殊食俗

节日食俗是展示我国饮食风俗最充分的食俗之一，其特点是历史性、全民性、传统性和多样性。它除了满足人们的生活需要以外，更多的还赋予这些食物以及食物的各种造型等以特殊的象征意义。节俗饮食一般讲究“逢喜成双、遇丧排单、庆婚重八、贺寿重九”的排菜规矩，并且菜名注重“口彩”，将饮食礼仪与民众良好的祝愿紧密地结合起来。

◇春节食俗

春节，俗称“过大年”，是年节中最隆重的一个节。节前十天左右，人们就开始忙于采购年货，举凡鸡鸭鱼肉、茶酒油酱、南北炒货、糖饵果品，都要采买充足。

在饮食习俗上，南北方有差异。北方多吃饺子，一般在除夕子夜食用，取“更岁交子”之意。饺子有的地方也叫“角子”、“扁食”、“水点心”。据文献记载，最初饺子也叫“馄饨”，北齐颜之推说：“今之混沌，形如堰月，天下通食也。”混沌形状有角，故又名“角子”，“角”、“饺”谐音，故后来又称“饺子”。饺子中有的馅里放糖，用意是吃了新年日子甜美；有的馅里放花生，用意是吃了人可长寿；有的馅里放一枚制钱，用意是吃到的人来年财运亨通。饺子形似元宝，新年里面条和饺子同煮，叫做“金丝穿元宝”。南方除夕和正月多吃元宵和年糕。元宵又称“团子”、“圆子”，取“团团圆圆”之意。年糕多用糯米制作，因黏性较大，取意“年年高”。南方过年还有一个独特风俗，就是年节前要预先做好新年米饭，盛放在竹箩中，上面放红橘、乌菱、荸荠等果品及元宝糕，插上松柏枝，叫做“年饭”。

◇元宵食俗

农历正月十五夜，是我国民间传统的元宵节，又称“上元节”、“灯节”。这天是农历一年中第一个月圆之夜，夜晚家家户户点红灯，游街赏灯、猜灯谜是元宵节的重要娱乐活动，但另一项不能少的食俗就是吃元宵，以取“团团如月”的吉祥意思。吃元宵的习俗源于何时何地，民间说法不一。一说是春秋末期，楚昭王归国途中经过长江，见有物体浮在江面，色白而微黄，内中有红如胭脂的瓤，味道甜美。众人不知此为何物，昭王便派人去问孔子，孔子说：“此萍蓬果也，得之者主复兴之兆。”这天正好是正月十五，以后每逢此日，昭王就命人用面仿制此果，并用山楂做成红色的馅，煮而食之。还有一种说法，汉武帝时，宫中有个宫女叫元宵，做汤圆十分拿手，世人就用她的名字来命名。

北方地区吃面条也是元宵食俗的重要内容。古有“上灯元宵，落灯面，吃了以后望明年”的民谚，这一食俗多流行于长江以北地区。《仪征岁时记》载：“（正月）十八落灯，人家啖面，俗谓‘上灯圆子落灯面’，亦家自为宴以志庆。”落灯时吃面条寓意天长地久，延年益寿，喜庆绵绵不断。而南方则有吃“落灯糕”的习俗，取“年年高升吉利”之意。

元宵节除元宵、面条外，还有吃年糕的。唐代名医孙思邈的《备急千金要方·食治》载白粱米“味甘、微寒、无毒、除热、益气”。唐代之后，元代也有元宵节食糕的记载。

当然由于地理、文化差异，元宵食俗各地又有所不同：东北人在元宵节爱吃冻果、冻鱼肉；广东人喜欢“偷”摘生菜，拌以糕饼煮食以求吉祥；陕西有的地方这天吃“元宵茶”，就是在面汤里放进各种菜和水果；昆明人则吃豆面团[①]。

◇清明食俗

清明节缘何而起？历来众说纷纭。汉代刘安所著《淮南子》中写道：“春分后加十五日，指乙，则清明风至。”《岁时百问》记载：“万物生长此时，皆清洁而明净，故谓之清明。”清明时节，寒冬已过，万物苏醒，草木萌茂，柳绿桃红，春光正好，空气新鲜，清净明丽。正如北宋诗人黄庭坚在《清明》一诗中所描绘的那样：“佳节清明桃李笑，野田

---

① 将豆炒熟后磨面，做法同元宵

荒芜自生愁。雷惊天地龙蛇蛰，雨足郊原草木柔。”

一般人家要用四碟六碗时馐清酒祭奠祖先。祭毕，家人和应邀来的亲戚共享酒食，叫做“吃清明”。很多地方在完成祭祀仪式后，将祭祀食品分吃。晋南人过清明时，习惯用白面蒸大馍，中间夹有核桃、枣儿、豆子，外面盘成龙形，龙身中间扎一个鸡蛋，名为“子福”。要蒸一个很大的总“子福”，象征全家团圆幸福。江南人则吃冷食青团，并用青团祭祀祖先。《吴门竹枝词》诗云：“相传百五禁烟厨，红藕青团各祭先。”这里所说“百五”，是指冬至到寒食为105天。在我国陕北榆林和延安等地至今还保留了一些传统的习俗，比如节前家家要蒸“子推馍”（“介之推”亦作“介子推”）。子推馍又称“老馍馍”，类似古代武将的头盔，重约250~500克，面里包着鸡蛋或红枣，上面有顶子，顶子四周贴面花。面花是面塑的小馍，形状有燕、虫、蛇、兔或文房四宝，蒸出来栩栩如生，犹如艺术珍品。这种“子推馍”是专给男人吃的，大概希望男人们都要有介之推那样的英雄气概吧。

◇端午食俗

农历五月初五是端午节。关于端午节的起源有很多说法，如源于远古华夏族的祭龙活动，纪念投江祭父的曹娥、替父雪耻的伍子胥、爱国诗人屈原等。南朝梁人吴均《续齐谐记》中记载：“屈原五月五日投汨罗江而死，楚人哀之，每至此日竹筒贮米，投水祭之。”后来许多端午节的纪念活动就和屈原联系在一起。

端午的主要食品是粽子。西晋周处《风土记》称“古人以菰叶裹黍米煮成，尖角，如棕榈叶心之形”，又说每年在夏至和端午两个节日都吃这种食品，称“粽”或“角黍”。另据古籍记载，早在殷周时，夏至用黍和鸡祭祀祖先。后来夏至以角黍、端午节以粽子祭祀屈原，不过是原来风俗的演变和发展。

粽子是应节食品，东西南北都要吃粽子，只是口味和形状上有差别。北方人喜欢用枣、豆沙、果脯等甜料作馅，团上糯米，用苇叶包成三角状。南方的粽子，除包成三角状以外，还有方方扁扁的，馅料更丰富，有蛋有肉，咸甜适口，别有滋味。

农历五月，古称“恶月”，“阴阳争，血气散”。人们认为吃蒜头可以去食积、除败毒、防病疫，喝雄黄酒可以驱除邪恶，民间有“饮了雄黄酒，百病都远走”的说法。

◇中秋食俗

吃月饼是农历八月十五中秋节的食俗。中秋吃月饼最早见于苏东坡的“小饼如嚼月，中有酥和饴”之句。关于吃月饼的习俗，民间有一种传说：古时候，家家户户都住有一个鞑子，在家作威作福，无恶不作，人们实在忍受不了，就约在八月十五一齐动手杀死鞑子，并将这个密约写在纸上，夹在月饼内，互相赠送，后来大事已成，八月十五吃月饼的风俗也保留下来。还有一种说法认为，中秋吃月饼的风俗始于唐代。据说有一年中秋之夜，唐太宗和杨贵妃赏月吃胡饼时，唐太宗嫌“胡饼”名字不好听，杨贵妃仰望皎洁的明月，心潮澎湃，随口说出“月饼”，从此“月饼”的名称便在民间逐渐流传开来。除此之外，民间还有许多优美的神话传说故事，如嫦娥奔月、吴刚折桂等。

长期以来，月饼制作精细雅致，品种繁多，风味因地各异。明末彭蕴章在《幽州土风吟》中写道：“月宫符，画成玉兔窑台居；月宫饼，制就银蟾紫府影。一双蟾兔满人间，悔煞嫦娥窃药年；奔入广寒归不得，空劳玉杵驻丹颜。”这说明心灵手巧的厨师已经把嫦娥奔月的优美传说，作为食品艺术形象再现于月饼之上。《燕京岁时记》也有“至供月饼，到处皆有，大者尺余，上绘月宫蟾兔之形”的记述。可见，清代时月饼制作工艺已经非常高超了。

中秋之夜，有的地方还有饮桂花酒、吃柚子的习俗。至夜，人们仰望着月中丹桂，闻着阵阵桂香，细品着圆圆的月饼，喝着桂花蜜酒，欢聚一堂，甜甜蜜蜜，其乐融融。

◇重阳食俗

重阳节，也叫“重九节”，因为正值农历九月九日，二九相重，日月并应。古时，人们把“九”作为阳数，所以又称重阳节。重阳节的重要食俗是饮菊花酒和吃重阳糕。重阳节赏菊及饮菊花酒，据说起源于晋朝大诗人陶渊明。陶渊明以隐居出名，以诗出名，以酒出名，也以爱菊出名，后人效之，遂有重阳赏菊之俗。赏菊的同时，人们还有品菊花酒的习俗。菊花药性甘寒微苦，有疏风除热、养肝明目、消炎解毒之功。九月九日这天，人们采下初开的菊花和一些青翠的枝叶，掺和在准备酿酒的粮食中，然后一起用来酿酒。于次年的重阳节才可开坛饮用。据说喝了这种酒，可以延年益寿。

重阳还有吃重阳糕的习俗，取“步步皆高”之意，在这一天吃“粉糕”，俗叫“花糕”。据《燕京岁时记》记载：“民间九月九日，以粉面蒸糕，上置小鹿数枚，号‘食禄糕’。”“食禄糕”亦即重阳糕。在民间流传一句老话：“重阳不吃糕，老来无人告。”“告”是“请”的意思。原来吃糕是好心人取代登高避灾立下的规矩，重阳不吃糕的人，就不是好心人，说不定哪一天灾难就要降临到他的身上。因此，九九食重阳糕的食俗相传至今。

此外，还有很多节日，如乞巧节、冬至节、腊八节、上巳节、中和节等传统节日及正在形成中的国家的其他各种节日，各地都有很多不同的饮食习俗和礼仪。这些食俗和礼仪共同规约、塑造着中国人的节日空间，为中华民族留下了一份珍贵的文化遗产。

饮食器具：饮食文化的实物形态

中国饮食文化代代传承，其中作为文化传承重要方面的还有饮食器具的发展。历代的饮食器具品种繁多，体现了所处时代的饮食文化和发展水平，是中国饮食文化的重要部分。饮食活动首先要通过饮食器具来进行，饮食器具在礼制系统中的突出地位自不待言。因而，饮食器具超越了饮食本身，具有等级和礼仪的属性，获得了更为深刻的社会、政治意义。

◇古代饮食器具

●古代食器

我国古代食器有簋、簠、豆、皿、案、匕、俎、箸等。

簋，形似大碗，是用于盛放煮熟的黍、稷、稻、粱等饭食的器具，人们从甗中盛出食物要放在簋中再食用。簋和鼎一样，在古代是重要的礼器，列鼎以奇数，列簋以偶数，配合而成祭祀、宴飨时的礼制。如天子九鼎八簋、诸侯七鼎六簋等。

簠，是一种长方形的盛装食物的器具，盖和器身形状相同，大小一样，上下对称，合则一体，分则为两个器皿。用途与簋相同，往往和簋一起出现，故有“簠簋对举”的说法。后来也用来祭祀，如《周礼·舍人》中有“凡祭祀共簠簋”的说法。

豆，豆的造型类似高足盘，上部呈圆盘状，盘下有柄，柄下有圈足。陶豆在新石器时代晚期开始出现，商代以后又有了木制的漆豆和青铜豆。豆不仅是食器，还是礼器，用于祭祀。《周礼·掌客》载：“凡诸侯之礼，上公豆四十，侯伯豆三十有二，子男豆二十有四。”

皿，盛饭食的用具，两边有耳，泛指碗碟杯盘一类的饮食用具。

案，又称食案，是进食用的托盘，形体不大，有四足或三足，足很矮，古人进食时常“举案齐眉”，以示敬意。古人食肉常用匕把鼎中肉取出，置于俎上，然后用刀割着吃。

匕，提取食物的长柄汤匙。无论吃饭吃肉，都会用到匕，不同在于吃肉时把肉从镬中取出的匕略大，吃饭时把饭从甑中取出的匕较小，其功用类似后来的勺。

俎，是长方形砧板，两端有足支地，是从鼎、镬中提取饭食和牲肉放于盛食器中的器具。古人常以刀匕、刀俎并举，并以“俎上肉”比喻受人欺凌、任人宰割的境遇。《鸿门宴》中“人为刀俎，我为鱼肉，何辞为”这句话，说的就是这种境遇。

箸，夹食的用具，与“住”谐音，含有停步之意，因避讳故取反义为“快”，又因以竹制成，故加个“⺮”为

“筷”，沿用至今。

古代炊具

我国古代炊具有鼎、镬、甑、甗、鬲、釜等。

鼎，最早是陶制的，殷周以后开始用青铜制作。鼎腹一般呈圆形，下有三足，故有“三足鼎立”之说。鼎上端两侧各有一个扶耳，便于抬放，可在鼎腹下面烧烤。鼎的大小因用途不同而差别较大。古代常将整个动物放在鼎中烹煮，可见其容积较大。夏禹时的九鼎，经殷代传至周朝，饮食文化成为“礼”之始，鼎便逐渐脱离日常的饮食而成为礼器，进而成为国家政权象征的重器。

镬，无足的鼎，与现在的大锅相仿，是专用来煮肉的，比鼎更加进化，圆腹无足，更像后来的锅。鼎是煮肉和盛肉用的，体积比较大，多为圆形三足，也有方形四足的，足间可直接放置燃料烧火加热。最初主要用来烹煮鱼肉之类的食物；后来它又发展成对犯人施行酷刑的工具，即将人投入镬中活活煮死。

甑，蒸饭的用具，与今天的蒸笼、笼屉相似。甑最早出现在公元前3800 年，是蒸食物用的，口边向外翻立有扶耳平底，底部有许多透蒸汽的孔格，也有无底另外加箅的，用时置于鬲上，鬲内有水。

鬲，与鼎相近，空足之鼎谓之鬲，体积较小，三足中空与腹相通，这是为了更大范围地接受传热，使食物尽快烂熟。鬲也是煮食器，以陶质的居多，主要是用于煮谷米之粥食。鬲与甑合成一套使用称为“甗”。

釜，底部无足，是煮食用的锅子。新石器时代晚期，在中原及附近地区，还出现了炊煮器具陶鬲和陶斝，它们有肥大的袋装三足，受热面积比较大。到了新石器时期，则开始用水煮、气蒸的手法，北方吃粟，南方吃稻。

● 古代酒器

我国古代酒器有尊、壶、彝、觥、杯、卮等。

尊，古代酒器的通称，作为专名是一种盛酒器，敞口，高颈，圈足，尊上常饰凤纹尊。尊的形体可分为有肩大口尊、觚形尊等几类。尊之为字，像双手捧一盛酒的大口尊以献祭之意，故后世凡盛酒器称尊、彝。尊、彝并列成为礼器的代称。

壶，一种长颈、大腹、圆足的盛酒器，不仅装酒，还能装水，故后代用“箪食壶浆”指犒劳军旅。壶使用的年代较长，式样也很多，大致有圆形、方形、扁圆形、八角形、弧形等。

彝、卣、罍、缶，都是形状不一的盛酒器。爵，古代饮酒器的总称，作为专名是用来温酒的，下有三足，可升火温酒。角，口呈两尖角形的饮酒器。

觥，是一种盛酒、饮酒兼用的器具，像一只横放的牛角，长方圈足，有盖，多作兽形。觥常被用做罚酒，欧阳修《醉翁亭记》中有这样的描述：“射者中，奕者胜，觥筹交错，起坐而喧哗者，众宾欢也。”

杯，椭圆形，是用来盛羹汤、酒、水的器物。杯的质料有玉、铜、银、瓷器，小杯为盏、盅。其中称作觞的饮酒器，因杯的两侧有耳如翼，饮时双手执耳，又叫羽觞，现称耳杯。耳杯多用木制，通髹红、黑色漆，间有彩绘。容量有大有小，杯身有深有浅。深者用以盛酒，而浅者用以盛羹（肉汁等），这是较为特殊的。

卮，也是一种盛酒器，圆形，容量约四升。《史记·项羽本纪》中有“卮酒安足辞”之句。

以上饮食器具的质料多样，一般百姓大多用竹、木、陶类的便宜器具，贵族的食器则以青铜居多，甚至用金、银、玉等制成，可见饮食器具本非仅仅是器具本身，同时具有严格的等级性和阶级性，成为国家政治中礼的重要组成部分。

◇筷子的传说

先秦时期称筷子为“挟”，秦汉时期叫“箸”。关于筷子的由来，民间有不少传说，主要有以下三个版本：

● 姜子牙与筷子

这一传说流传于四川等地，说的是姜子牙只会直钩钓鱼，其他的事一件也不会干，所以生活得十分穷困。他妻子实在无法跟他过苦日子，就想将他害死另嫁他人。

这天姜子牙又两手空空回到家中，妻子说："你饿了吧？我给你烧好了肉，你快吃吧！"姜子牙确实饿了，就伸手去抓肉。窗外突然飞来一只鸟，啄了他一口。他疼得"啊呀"一声，肉没吃成，忙去赶鸟。当他第二次去拿肉时，鸟又啄了他的手背。姜子牙犯疑了：鸟为什么两次啄我，难道这肉吃不得？为了试鸟，他第三次去抓肉，这时鸟又来啄他。姜子牙知道这是一只神鸟，于是装着赶鸟一直追出门去，直追到一个无人的山坡上。神鸟栖在一枝丝竹上，并呢喃鸣唱："姜子牙呀姜子牙，吃肉不可用手抓，夹肉就在我脚下……"姜子牙听了神鸟的指点，忙摘了两根细丝竹回到家中。这时老婆又催他吃肉，姜子牙于是将两根丝竹伸进碗中夹肉，突然看见丝竹嗞嗞地冒出一股股青烟。姜子牙假装不知放毒之事，对他妻子说："肉怎么会冒烟，难道有毒？"说着，姜子牙夹起肉就往她嘴里送。他的妻子脸都吓白了，忙夺门而逃。

姜子牙明白这丝竹是神鸟送的神竹，任何毒物都能验出来，从此每餐都用这两根丝竹进餐。此事传出后，他妻子不但不敢再下毒，而且四邻也纷纷学着用竹枝吃饭。后来效仿的人越来越多，用筷吃饭的习俗也就一代代传了下来。

这个传说与史料记载不符，殷纣王时代已出现了象牙筷，姜子牙和殷纣王是同时代的人，既然纣王已经用上象牙筷，那姜子牙的丝竹筷也就谈不上什么发明创造了。不过有一点却是真实的，那就是商代南方以竹为筷。

• 妲己与筷子

这个传说流传于江苏一带。说的是商纣王喜怒无常，吃饭时不是说鱼肉不鲜，就是说鸡汤太烫，有时又说菜肴冰凉不能入口。结果，很多厨师都成了他的刀下之鬼。宠妃妲己也知道他难以侍奉，所以每次摆酒设宴，她都要事先尝一尝，免得纣王咸淡不可口又要发怒。有一次，妲己尝到有几碗佳肴太烫，可是调换已来不及了，因为纣王已来到餐桌前。妲己为讨得纣王的欢心，急中生智，忙取下头上长长玉簪将菜夹起来，吹了又吹，等菜凉了一些再送入纣王口中。纣王是荒淫无耻之徒，他认为由妲己夹菜喂饭是件享乐之事，于是天天要妲己如此。妲已让工匠为她特制了两根长玉簪夹菜，这就是玉筷的雏形。以后这种夹菜的方式传到了民间，便产生了筷子。

这则传说，不像第一个传说充满神话色彩，而比较贴近生活，有某些现实意义，但依然富于传奇性，也与史实不符。考古学家在安阳侯家庄 1005 号殷商墓中发掘出的钢箸（筷），经考证其年代早于纣王时代。显然，筷子既不是纣王发明，也非妲己创造，应是更早时期的产物。

• 大禹与筷子

这个传说流传于东北地区。上古尧舜时代，洪水泛滥成灾，大禹受命治水。大禹受命后，发誓要为民清除洪水之患，所以三过家门而不入。他日日夜夜和凶水恶浪搏斗，别说休息，就是吃饭、睡觉也舍不得耽误一分一秒。

有一次，大禹乘船来到一个岛上，饥饿难忍，就架起陶锅煮肉。肉在水中煮沸后，因为烫手无法用手抓食。大禹不愿等肉锅冷却而白白浪费时间，所以就砍下两根树枝把肉从热汤中夹出，吃了起来。从此，为节约时间，大禹总是以树枝、细竹从滚沸的热锅中捞食。这样可省出时间来治理洪水。如此久而久之，大禹练就了熟练使用细棍夹取食物的本领。手下的人见他这样吃饭，既不烫手，又不会使手上沾染油腻，于是纷纷效仿，就这样渐渐形成了筷子的雏形。

任何传说总是经过历代人民的取舍、剪裁、虚构、夸张、渲染甚至幻想加工而成的，人们总会把一些重大发明创造赋予某个箭垛式的人物身上。其实，筷子的诞生，是历代人民群众集体智慧的结晶，并非某个人的发明创造。

筷子不仅仅是器具，也蕴含一套文化礼仪。吃饭时，一般用右手拿筷子吃饭，用勺子喝汤，不能像吃西餐那样左右开弓，两手齐上；饭后，筷子要稳稳当当地架在空碗的中央；在宴席中间，面对暂时停餐的情况，要把筷子搁在靠近饭碗的桌面上，不要把它竖插在碗里的食物上；宴席间，出于礼貌，给别人夹菜时不能与其他人交叉夹菜等。

第五章

居住习俗礼仪

民居建筑不仅是实物形态的展现，也是文化因素影响的结果。在漫长的历史发展中，经过时空沉淀的民俗文化逐步渗入民居建筑和人们的居住生活中，如中国传统祖宗崇拜的观念、身份地位等级观念及各种居住禁忌习俗，因而可以说，我国恢弘、悠久的民居建筑发展史，同时也是民间居住习俗礼仪的文化史。

人类的生存离不开居住，要居住就要有住所，而民居建筑就是从最初的、最原始的住所发展而来，因而，民居是人类适应自然、进化发展的产物。上古之时，自然蛮荒无涯，人类刚从动物界脱离出来，智力和双手的能力极为低下，仅依靠从动物界承袭下来的本能，模仿动物的“巢”、“穴”，在树上搭积草木，筑个巢，或寻找天然洞穴，构筑简单的栖身之所，以防虫兽之袭，以避风霜雨雪之害。《庄子·盗跖》中说：“古者禽兽多而人民少，于是民皆巢居以避之。昼拾橡栗，暮栖木上，故命之曰有巢氏之民。”又《太平御览》卷七十八引项峻《始学篇》：“上古穴处，有圣人教之巢居，号大巢氏。”可见上古时期自然环境的恶劣，当然，这位神话中的“有巢氏”并非实有其人，人们借这一神话英雄不过是想用来反映上古时期艰险的生存状况而已。

随着人类社会的发展，人类适应、改造自然能力的不断增强，追求舒适、和谐、美观的生活环境的愿望也不断增强，民居建筑从而呈现出五彩缤纷、色彩鲜明的风格类型。民居风格的形成是多种因素综合的结果，如自然条件、历史原因等。民居建筑不仅是实物形态的展现，也是文化因素影响的结果。在漫长的历史发展中，经过时空沉淀的民俗文化逐步渗入民居建筑和人们的居住生活中，如中国传统祖宗崇拜的观念、身份地位等级观念及各种居住禁忌习俗，因而可以说，我国恢弘、悠久的民居建筑发展史，同时也是民间居住习俗礼仪的文化史。

进化中的“巢穴”：民居类型

我国地域自然文化条件差异较大，民居的风格也与之相适应，同时，中华民族大家庭团结了五十六个民族，各民族在长期的历史发展中形成了独特的居住习俗，这种文化符号也在民居建筑中得以体现。这样，在华夏土地上就形成了多姿多彩的民居类型。主要类型如下：

◇四合院民居

四合院式民居在地理范围上分布很广，北京四合院是最典型、最有特点的民居形式。它在辽时初成规模，经金元至明清时逐渐完善，从平面布局到内部结构、细部装修都形成了北京特有的京味风格。元人有诗云：“云开闾阖三千丈，雾暗楼台百万家。”① 这百万家的住宅，便是如今所说的北京

① （清）顾嗣立：《元诗选·三集》，北京：中华书局，2002 年第 1 版，第 745 页。

四合院。四合院与北京人的生活习俗相关，其中深藏着北京人的文化心理，体现着北京人的人生观、结构观、社会观和民众性格。

北京四合院的形成与北京地区的自然地理和历史是分不开的。从自然条件来看，北京的地理位置比较适中，比起严寒的东北各省和炎热的南方各地，气候可算不冷不热。北京四合院庭院的尺度，正好比东北的大院小一些，又比江南的天井开阔一些。受北京四合院形制影响的地区也较广泛。从历史文化来看，北京历史文化底蕴深厚，早在公元1000多年前便建立了蓟城，成为北方富庶一方的都城。战国、两汉、隋唐时期得到进一步发展，成为北方经济、军事重镇。自元代、明代直至清代后，四合院的建筑形式逐渐趋于成熟。

四合院一般坐北朝南，在布局上一般依东西向的胡同而坐北朝南，基本形制是分居四面的北房（正房）、南房（倒座房）和东、西厢房，四周再围以高墙形成四合，开一扇门。整个院落在外形上是四四方方或者长方形，故称“四合院”。四合院民居的主要建筑形制有：

• 大门

北京四合院的大门，有几种典型式样，各代表一种户主的身份地位。在民国以前，有制度限制，门的式样、大小、屋顶形式、油漆颜色、装饰物件等都有规定。民国以后，旧制取消，大门已不再是身份等级的象征，只是过去生活习俗的一个见证和痕迹。其形式主要分两类：一类是由一间或若干间房屋构成的屋宇式大门，在结构及装饰方面比较讲究；另一类是在院墙合陇处建造的墙垣式大门，在结构及装饰方面相对简单。设屋宇式大门的住宅，一般是有官阶地位或经济实力的社会中上层阶级；设墙垣式大门的住宅，则多为社会下层普通百姓。屋宇式大门又分王府大门、广亮大门、金柱大门、蛮子门、如意门等级别。

● 影壁

关于影壁的由来，据说和清太祖努尔哈赤有关。

相传，努尔哈赤曾在明朝一个兵部官员的家里当佣人。一次努尔哈赤偶然发现官员脚下有三颗红痣，顺口说出自己脚底有七颗痣的秘密。按民间说法，这是脚踏北斗七星帝王之相，这位官员听后倒吸一口冷气，决意要先下手除掉努尔哈赤这位未来的帝王。

此事让官员的一个侍妾知道了，她不忍心努尔哈赤冤屈被杀，便牵来了一匹大青马和一只狗让努尔哈赤逃走。官员闻讯杀了这个侍妾，命手下死死追赶。后来，大青马累死了，那只狗为了保护努尔哈赤也死了，疲惫不堪的努尔哈赤跌倒在地爬不起来。眼见追兵快到了，突然一群乌鸦飞来，把努尔哈赤的身体覆盖住。追兵远远看去，仿佛乌鸦在攫食死尸，便打马回去。

死里逃生的努尔哈赤来到长白山，后几经磨难才统一了女真各部，然后引兵南进，逐鹿中原。据说，从那以后满族便有了不吃狗肉的习俗，而努尔哈赤也不忘乌鸦救命之恩，每逢年节便在居家大院门口树起索伦杆，上置方斗，装有猪肉、粮米等，供乌鸦享用。

满族入关后，居家大院一进门设置了影壁墙，影壁墙的前身是满族后代为不忘努尔哈赤当年在长白山创业的艰难而供奉的采参的背架。

影壁分大门外的影壁和大门内的影壁。大门外的影壁，有“一”字形的和“八”字形的两种。“一”字形的称“一字影壁”；平面成“冖”形的，称“雁翅影壁”。八字墙，中间的一段为一堵一字墙，两边的向内形成一个角度，外呈“八”字形，称作“反八字影壁”或“撇山影壁”。大门外的影壁一般是贴着大门对面胡同的墙而建的。只有少数面朝广场或胡同极宽时，才独立而建。影壁尤其是大门外的影壁，其主要功用是遮挡外人的视线，即使大门敞开，外人也看不到宅内。影壁还可以烘托气氛，增加住宅气势等。

● 屏门

屏门与影壁的功能类似，相当于屏风，主要是阻挡外院直吹入内的风，遮住人们投向内院的视线。此外，还起到了充分沟通内外宅的特殊功能。影壁是固定的，屏门是可以开启的。在既需要遮挡，又需要通行的地方设屏门。在影壁左右两侧通常都有一道屏门，安在有短檐的或是顶部用瓦叠成花样的墙上。这种屏门是门虽设而常开的。而垂花门里侧正面的四扇屏门刚好与大门处的屏门相反，是门虽设而常关的，只有在喜庆大事、重大活动或贵客临门时，才偶一开启。院落之间横向连通时也用屏门。

屏门安装于宅内，防御功能要求不高，所以做法很简单。一般采用光平的木板——镜面板，在每扇门板的一侧上下角上安铁件以限制在槛框及地窝内，可以转动开启，需要时可以把门板拆卸下来。

• 垂花门

垂花门是四合院单体建筑中最精美的一处，是前庭后寝的分水岭和唯一通道。从外边看，好似一座极为华丽的砖木结构门楼。从院内看，在两三进四合院中，垂花门位于二门的位置。在有厅房的多进四合院中，它常位于后部。

旧时人们常说的“大门不出，二门不迈”，“二门”即指此垂花门。垂花门有两个功能：一是屏障作用，这是垂花门的主要功能。二是防卫功能，为此在向外一侧的两根柱间安装着第一道门，这道门比较厚重，与街门相仿佛，名叫“棋盘门”，或称“攒边门”。白天开启，供宅人通行，夜间关闭，有安全保卫的作用。

● 正房

正房也称上房或北房，是北京四合院住宅中的主房。位于全宅中轴线的靠后位置。北京正规的四合院，都是以北房为正房的，一般是三间，大型住宅为五间。正房的两侧还各有一间或两间进深、高度都偏小的房间，如同挂在正房两侧的两只耳朵，故称耳房。如果每侧一间耳房，两侧共两间，即称“三正两耳”。如果每侧两间，两侧共四间，耳房则称“三正四耳”。小型四合院多为“三正两耳”，中型四合院为“三正四耳”。北房三间仅中间一间向外开门，称为堂屋。堂屋两侧两间仅向堂屋开门，形成做卧室的套间，成为一明两暗的格局。

● 厢房

厢房是位于正房两侧相对称而立的房子。位于东侧门窗朝西的叫东厢房；位于西侧门窗朝东的叫西厢房。如果四合院的规模较大，在厢房的南侧，还可以再加厢耳房。厢房一般由晚辈居住，厢房也是一明两暗，正中一间为起居室，两侧为卧室，也可将偏南侧一间分割出来做厨房或餐厅。

● 倒座房

北京人对房屋的叫法是房屋位于院子的哪个方向，就叫哪个房，而不是讲朝向。倒座房坐南朝北，所以又叫“南房”。它是进入四合院首先见到的房屋。倒座房的间数较多，通常为外客厅、账房、门房、客房、下房等。

● 后罩房

位于四合院的最后一进院子里，一般是在正房的背后那座横向窄长的院子里。后罩房主要供未出阁的女子或女佣居住。

● 游廊

正房、厢房与垂花门之间，一般都有游廊连接。凡有游廊连接的房子，其前檐都有廊子，在廊子两尽端的山墙部分留有洞口，通向游廊，叫做廊门筒子。抄手游廊与北房、东西厢房和垂花门相连接，将内宅串联成一个整体。

◇窑洞式民居

窑洞式民居是黄土高原的产物，广泛分布于黄河中上游地区，如陕西、山西、甘肃和宁夏等地。其中，陕北窑洞是窑居的典型形式。窑洞的起源很早，据《周易·系辞》载

"上古穴居而野处"，有可能便是这种横穴式的窑洞。窑洞是中国西北黄土高原上居民的古老居住形式，根据地下挖掘资料考证，窑洞至少有四千多年的历史。

窑洞式民居建筑沿用传统经验，按建筑选址与布局方式，大致可归纳为三种制式：靠崖式、独立式和下沉式。

● 靠崖式窑洞

靠崖式窑洞，是背靠土崖或石崖，以背靠土崖为多。主要有两种：一种是靠山式，一种是沿沟式。

（1）靠山式窑洞。这种窑洞因受自然条件的限制而又充分利用自然条件而成。靠山式窑洞可以是土窑，也可以是石拱窑、砖拱窑；可以是单独的，也可以是长串的、连片的、立体的。这种窑洞依托山丘而顺势挖掘窑洞，省工、省料，温暖、牢固。在民间看来，是难得的风水宝地。

（2）沿沟式窑洞。这种窑洞是指沿冲沟两岸崖壁基岩上部的黄土层开挖或就地采石箍石而成的窑洞。这种窑洞近田，利于耕作，窑脑不但可作上一层窑洞庭院，而且往往靠近麦场和大路。它的优点是得避风向阳之利，汲水方便，耕作半径小。

● 下沉式窑洞

下沉式窑洞实际上由地下穴居演变而来，也称地下窑洞，主要分布在黄土高原那些没有山坡、沟壁可利用的干旱地区。“上山不见山，入村不见村。院落地下藏，窑洞土中生。车从头上过，声由地下来。平地炊烟起，不见鸡狗光听声。”这就是对下沉式窑洞生动形象的描写。这种窑洞的做法是：先就地挖一个方形地坑，然后再向四壁箍造窑洞，形成一个四合院。人在平地，只能看见地院树梢，不见房屋。

独立式窑洞

独立式窑洞，是四面临空的窑洞，即不能直接利用黄土做窑掌，又叫“四明头窑”。之所以俗称“四明头窑”，就是指前、后、左、右四头（即四面）都不利用自然土体而亮在明处，四面都需人工砌造。这类土拱窑洞有半埋式的，也有筑在地上的。石拱窑、砖拱窑、泥墼拱窑和柳笆庵是独立式窑洞的主体形式。

◇碉楼式民居

碉楼式民居，即碉楼绝大部分是与院落连在一起，与院墙组合为一个防御体系的多层式民居建筑。中国各地的碉楼式民居虽然建筑特点不一，但具有一个共同的特点就是强调在特定社会情况下所具有的防御功能。从地理上看，碉楼式民居在国内集中分布在川西北的羌族、藏族少数民族地区。其主要形式有两种：一类是围楼，各地叫法不一，有的地方叫围子、围屋，有的地方称土楼，主要分布于闽粤赣交界地带的客家人居住地区；一类是碉楼，分布于四川、西藏等地的羌族、藏族少数民族地区和汉族地区及广东五邑①地区。

● 围楼

（1）围楼有方形和圆形的两种。方形土围楼主要是指主楼外形呈方形的土围楼，包括方楼和五凤楼。

第一种是方楼。方楼在福建永定、南靖等地区和江西定南、龙南、全南等地区都较普遍，以福建永定最为典型。它的结构较简单，或封闭式，或开放式，或正方形，或长方形，或二三层，或四五层，或面阔二三间，或面阔多达十几间，或呈“口”字形，或呈“目”字形。目前所知最大的方楼是福建永定县高陂镇的“遗经楼”，建于咸丰元年（1851 年），建筑面积 4000 余平方米，经三代人费时 70 多年而建成，当地人都称它为“大楼厦”。建造时先夯筑一正方形或接近正方形的高大围墙，再沿此墙内侧扩展该楼其他建筑。

第二种是五凤楼。五凤楼全国各地都有分布，以福建龙岩的五凤楼最为有名。该民居建筑中央主楼突出，两侧次楼拱拥，飞檐翘角多为五层叠，再加上彩绘雕塑，在山间旷野

---

① 五邑不是独立的地名，是广东省新会、台山、恩平、开平和鹤山五地的俗称，今天这五地属于江门市行政区划内的四市一区。

之中，威风凛凛，形态犹如展翅的凤凰，故名。五凤楼又名“大夫第”、“府第式”、“宫殿式”或“笔架楼”，其名虽同，但有些许差距。以两厢房、一门楼等细部构造组成的该土楼类型，其特色是从外观看去通常为三凹两突，仿佛中国古时笔架。五凤楼建于道光八年（1828 年），至道光十四年（1834 年）建成，住 31 户 120 余人。该民居具备鲜明的堂横式建筑特征，即三堂（屋）两横（楼），面山背水，占尽山川灵气，所有这些都反映了中原文化的传统。

（2）圆形土围楼主要是指主楼外形呈圆形的土围楼，称为圆楼或圆寨。这种土围楼它的用途重于防卫，因此该名称嵌“寨”字，以福建永定、南靖一带的土围楼最为有名。按其形态分为单环和多环两种。

第一种是单环圆楼。这种民居建筑的土墙内设置木构架的房间，中间为天井，一般只有两三层。这种民居建得都比较雅致小巧，还有袖珍式的，如永定县古竹乡彭坑自然村的荣昌楼，12 开间，两层，只住一户人家。

第二种是多环圆楼。该圆楼规模宏大，结构复杂，既有整体的统一性，又有局部富于变化的灵活性。如永定县的高头承启楼，有 4 环，按易经八卦的布局建筑而成，是现存最庞大、最完整、最具魅力的大圆楼。多环圆楼外高内低，楼内有楼，环环相套，形成同心多环结构。通常圆楼的底层为餐室、厨房，第二层为仓库，三层楼以上的房间才为卧房。

其中每一个小家庭或个人的房间都是独立的，以一圈圈的公用走廊连接各个房间。

● 碉楼

碉楼是一种特殊的民居建筑特色，因形状似碉堡而得名。《后汉书·南蛮西南夷列传》记载："众皆依山居止，垒石为室，高者至十余丈，为'邛笼'。""邛笼"是羌语"碉楼"的意思。碉楼一般为三层（也有两层的），高两三丈，平面呈方形，上窄下宽，顶是平的。还有一种碉楼，楼层多达六七层至十三四层，高十余丈，平面有方形的，也有六角形和八角形的，上窄下宽呈梯形，其下墙厚度可达一米左右，顶部盖瓦或木板。此种碉楼四壁筑有枪眼，一般建在交通要道、山脊或村落的中心，其主要用途是防御外侵和内部械斗。碉楼在中国的分布具有很强的地域性，主要分布在四川、西藏等地的羌族、藏族、汉族居住区及广东五邑地区。其中，以藏族碉楼和广东开平碉楼为典型代表。

（1）藏族碉楼。藏族民居俗称碉房，大多数为两层或更高的建筑。碉楼的最上层一般为经堂，供奉佛像，中间一层或几层住人，最下层则堆放杂物和圈养牲畜。这种神、人、畜分层而居的格局，大概反映了藏族人的宗教观念。四周墙壁用毛石垒砌，开窗很少，内部有楼梯以通上下，易守难攻，类似碉堡。窗门多做成梯形，并抹出黑色的窗套，窗户上沿砌出披檐。如果从民俗建筑所使用的材料来分类，藏族碉楼可分为三类：第一类是土碉，也就是园楼建筑墙体用夯土筑成。第二类是土石混合碉，就是堵体由泥土和石头混合组成，或者是墙体分为内外两层，外部堵体用泥土夯筑，内部堵体为石砌，楼层间隔仍然是木材。第三类是石碉，整个堵体用石头砌成，内部楼层及门用木材。石碉建筑是我国西部羌藏地区碉楼民居建筑的主体，在川藏地区分布很广泛。丹巴的高碉就属于这一类型。

（2）开平碉楼。开平碉楼位于广东省开平市，是中国乡土建筑的一个特殊类型，是一种集防卫、居住和中西建筑艺术于一体的多层塔楼式建筑。

开平是五邑侨乡碉楼分布的中心区，根据2001年开平市政府详细普查结果，开平现存碉楼1833座，数量居全国之最，有“中国碉楼之乡”的美誉。开平碉楼的建筑风格多种多样，装饰艺术千姿百态，既有中国传统硬山顶式、悬山顶式，也有欧洲不同时期的建筑风格，如哥特式、罗马式等，被誉为“华侨文化的典范之作”、“令人震撼的建筑文艺长廊”。

开平碉楼种类繁多，分类标准不一。从建筑材料来分，大致可分为四类：石楼、夯土楼、砖楼和混凝土楼。根据上部造型，大致可分为六类：柱廊式、平台式、退台式、悬挑式、城堡式和混合式。按使用功能来分，大致可分为三类：

众楼、居楼和更楼。根据选址地点来分，大致可分为两类：一类是立于村口的门楼或闸楼，多为两三层；另一类是立于村外的灯楼，多为三四层，最著名的是开平塘口镇的方氏灯楼。

◇帐篷式民居

帐篷式民居主要是指蒙古包。“早在公元前3000年，在西伯利亚、高加索、中亚、黑海一代生活的游牧部落就使用带有蒙古包式‘哈纳’的房屋或车上棚屋。司马迁所著《史记》和班固所著《汉书》中记载，匈奴人居住带有哈纳的穹庐，学术界认为那是蒙古包的雏形。”① 蒙古包的形成，是和蒙古族人民逐水草而居的游牧生活相适应的。据《呼伦贝尔概要》记载：呼伦贝尔地区的蒙古人，因为游牧生活需依水草而居，转徙无常，因而都以穹庐作为栖身之所。这种天幕帐篷，可蔽风雪，可防虎狼。

蒙古包是蒙古族人民经过千百年来的摸索，寻找适合当地生态环境及自己生存需要的过程中创造出来的一种建筑形式。它融入了中国传统“天人合一”的思想，适合游牧民族的生产、生活方式，具有四个优点：第一，蒙古包呈圆形，阻力小，冬季少积雪。第二，蒙古包易于搭建，易于拆散。

---

① 巴·布和朝鲁：《蒙古包文化》，呼和浩特：内蒙古人民出版社，2003年第1版，第4页。

第三，蒙古包装载轻巧，便于搬迁。第四，蒙古包就地取材，因地制宜，制作、修葺简便。

● 移动式蒙古包

移动式蒙古包是纯游牧民的毡房，圆形拱顶，易搭、易拆、易修，运载方便。搭包之处，夏选水草丰茂的草场，或视野开阔通风凉爽的草地，冬则选背风向阳、温暖干燥的草场。围包材料，冬用毛毡，夏用苇帘。这种移动式蒙古包多见于锡林郭勒草原和呼伦贝尔草原。

● 固定式蒙古包

固定式蒙古包是半农半牧区的一种建筑形式。它用毛绳固定哈纳，再用毛毡包裹其上，然后把墙基埋入地下，毡房周围的土地必须夯实，必要时屋墙墙脚要用石块或木材加以固定。这种蒙古包多见于哲里木盟、昭乌达盟一带地区。

● 人字帐房

人字帐房是一种小型的蒙古包，比较简易，里外用青兰细布装饰，下雨天要在上面加遮布棚，若遇大风，要用绳子把它系在柱子上木结构交接处，用铁包裹。人字帐房多为休息、会友之所。

当然，随着畜牧业的发展和人类社会的进步，蒙古包的形式除以上三种外，也不断变更，还出现过毡帐建筑、土木建筑的蒙古包等。

◇干栏式民居

中国南方少数民族生活的地方炎热多雨，因此典型的传统民居是干栏式民居。干栏也作“干阑”，干栏式民居是由我国原始社会的巢居逐步演变而来的。“干栏”一词最早源自《魏书·僚传》。书中记载：“依树积木，以居其上，名曰干栏。”又《旧唐书·南蛮传》记载：“山有毒草，虱蝮蛇，人并楼居，登梯而上，号为干阑。”长江流域及其以南地区广泛保存着这种民居建筑形制。干栏式民居大多修建在依山傍水之处，一般楼下空着或养畜，楼上住人，可以防范毒虫猛兽的侵袭，还可以防潮及通风。干栏式民居多分布在南方少数民族聚居地区。湘西吊脚楼和海南黎族船形屋是干栏式民居的两种典型形式。

● 湘西吊脚楼

湘西民居建筑以木质结构为主，屋面均盖青灰色泥瓦。正屋一般分为三大间（即四排三间），中间最大的一间为堂屋，堂屋两边的为厢房，其规模根据房屋立柱的多少及高低而定，如“三柱二骑”、“五柱四骑”、“六柱五骑”等。从吊脚楼造型结构和功用来看，大致有六种类型：

（1）单吊式。这是最普遍的一种形式，又称为“一头吊”或“钥匙头”。它的特点是：正屋一边的厢房伸出悬空，下面用木柱相撑。

（2）双吊式，又称为“双头吊”或“撮箕口”。它是单吊式的发展，即在正房的两头皆有吊出的厢房。单吊式和双吊式并没有地域的局限，主要依经济条件和家庭需要而定。苗族、土家族建吊脚楼一般是先建正屋，然后根据经济情况及家庭的需要，相应加建两边的厢房。单吊式和双吊式常常共处一地。

（3）四合水式。这种吊脚楼是在双吊式的基础上发展而来的。它的特点是：将正屋两头厢房吊脚楼部分的上部连成一体，形成一个四合院。两厢房间的楼下即为大门，这种四合院进大门后还必须上几步石阶，才能进到正屋。

（4）平地起吊式。这种形式的吊脚楼也是在单吊的基础上发展起来的，由单吊、双吊组合而成。它的特点是：在平地上将厢房抬起，用木柱支撑。支撑木柱的地面和正屋地面平开，使厢房往往高于正屋。这种形式的吊脚楼并不多见。

（5）二层吊式。这种形式是在单吊和双吊的基础上发展起来的，即在一般吊脚楼上再加一层。这种形式现在比较少见，仅见于湘西桑植淋溪河和鄂西宣恩晓关一带。

（6）“一”字吊式。这种形式是在正房的一头起吊，湘西很少见，在湖北的咸丰、宣恩等地可以看到。①

● 船形屋

船形屋因外形如船篷一样而得名，它也是一种古老的民居类型。船形屋是原始的干栏式民居，在广东、福建一带“疍民”的水棚屋，已有船形屋的味道，但最典型的船形屋主要分布在海南黎族聚居地区。

船形屋据说是黎族同胞为了纪念渡海而来的黎族祖先而建造并传承下来的。目前黎族村落中普遍设有短脚谷仓，形如船形屋，是古代遗留下来的干栏式民居的演变形式。船形屋分上下两层结构，居者沿竹梯而上，上层住人，下层用于饲养家畜。一般分为三间，中间为厅，两边为居室；也有前后两间的，前面为厅，后面为居室。

我国幅员辽阔，各民族在漫长的历史长河中，都创造了具有民族特色和地域特色的民居形式，除以上五种类型外，典型的民居形式还有徽州民居、江南水乡民居、山西大院、丽江民居、胶东半岛的海草房等。这些民居建筑，因地理、气候、民俗文化的差异，在民居风格上呈现出绚烂多姿、五彩缤纷的整体风貌，它们都有恰如其分的美，而无优劣之别。

---

① 王晓宁：《土家族吊脚楼的类型与审美特征》，载《湖北民族学院学报》（社科版），1991 年第 21 期，第 47 ~ 48 页。

"在深蕴地方民俗文化的民居相册中，我们实际上很难选出哪帧照片最美，因为文化是无高低之分的，我们难以确定一个评判不同文化水平优劣的标准。"①

"蜗居"里的俗态万象：民居习俗

俗话说："小康不小康，关键看住房。"住宅在人们心中占有极其重要的位置，许多人家在生活中省吃俭用，把钱一分一角地攒起来，花费在民居住宅的建造上。

正因为住宅的重要性，民间很重视它的建造，但在相对封闭的传统社会中，人们的认识还很有限，总认为冥冥之中有一个神灵世界在支配、影响着俗世，因而在住宅建造过程中形成了各地独具特色的建造习俗。同时，受传统中国文化的影响，人们在长期的居住生活中，还形成了很多居住习俗，如吉祥装饰习俗、居住禁忌等。

◇民居建造习俗

从古至今，无论城镇乡村，建房都是人们生活中的一件大事，其中的许多俗规，直到今天人们仍在沿用。在民间建房过程中，各地习俗不一，大体都要经历以下五个阶段：

---

① 刘爱华：《中华民居》，北京：农村读物出版社，2010年第1版，第205页。

● 选址

主家在建宅之前都要择宅址，定朝向，旨在躲开“生、死、病、灾、绝”五个不祥之字。然后用罗盘查勘方位，通常认为门对石壁、两门相对、门对烟囱、右屋高左屋低最不吉利。如为地基所限，又不能另择吉地，房子造成后犯了上述禁忌，如房屋大门对烟囱，主门对烟囱，大门对大路等，可在门楣间或窗户上方悬挂一面镜子或剪刀以破解，谓之“解煞”。

● 破土动工

在选好地址和平整地基之后，建房工程正式启动。在破土动工的前一天，主家全家要素斋一天，甚至还要沐浴更衣。破土动工当天，主家要在宅基前清整出一小块干净的场地，摆好香案和供品，点燃香烛，乞求神灵保佑工程一帆风顺。动工时要放鞭炮，并请砖工师傅主持开工典礼，并由大师傅用砖或石块砌第一道墙角，众砖工就沿墙角划定范围，分别砌砖。

● 立屋架

立屋架，即做好房屋的四壁框架，是上梁前的一项重要准备仪式。届时，亲朋好友都会前来帮忙。首先，要确定吉日良时。其次，主家要准备好三牲，由木工师傅烧香奠酒，敬拜天地，恭请祖师爷鲁班降临，并且还要遵循严格的祭拜仪式。如果这些仪式稍有纰漏，都会给主家造成很大的心理阴影。此后，便可竖立屋架，大家齐动手，推的推，拉的拉，热闹非凡。

● 上梁

上梁是建造仪式中最隆重最重要的一项内容。民间有“墙倒屋不塌”之说，因此人们对维系着房屋安全的大梁格外重视，对大梁的选材有严格规定，如只许用杉、松、榆等树材。

上梁时，披红绸被料的正梁两端插着金花，架在木马上，切忌人从梁上跨过。面前摆着猪头、鱼、鸡和其他供品，并点燃一对蜡烛，由房主焚香祭梁。接着木工师傅一边撒着五谷，一边唱祝贺词，围观众人齐和“好”，烘托气氛。等待帮忙的乡亲把木屋“扇子”（叫“排扇”）排好后，先由掌墨师傅祭鲁班，称为“起扇”。师傅高声诵道：“东边一朵祥云起，西边一朵紫云升。祥云起，紫云升，鲁班差我起扇来……”一连串的说词诵完后，他高喊一声“起——”，预先安排好的得力汉子一鼓作气把一整排木屋柱枋一扇扇地立起来。接着就是“拜梁”、“开梁口”、“缠梁”、“升梁”等过程，每一个过程都有一套祝词。梁木落好后，在一片锣鼓鞭炮声中，就由甲乙二人表演“上梁歌”。

甲：锣鼓喧天鞭炮响，恭贺主东造华堂。修华堂，造华堂；赞华堂，颂华堂。人满堂，客满堂，亲满堂，朋满堂；钱满堂，粮满堂；金满堂，锹满堂——福禄寿禧满华堂，千古落成百世昌。

乙：走进华堂敬个礼，有说主东送恭喜。早来帮忙莫见气，只因愚下缺劳力。早逢良辰兴佳期，愚下拜望是良机。拜鲁班，拜张郎；拜岩匠，拜木匠；拜了师傅拜内行，上梁我是门外郎。隔行如隔山，隔山不内行，空话不妥当，敬请多原谅。

甲：新修华堂几爽朗，高楼大厦好向阳。哪位仙人定志向，哪位神师造栋梁？哪位良工“起小样”，哪位巧匠彩华堂？哪位能手安的磉，哪位壮士挑屋场？

乙：新修龙庭亮堂堂，金银财宝满华堂。白鹤仙人定志向，鲁班先师造栋梁；掌墨师傅起小样，神工妙手彩华堂；八大金刚安的磉，八百勇士挑屋场。

二人表演这一番后，就开始攀梯上梁，边上边诵：

甲：手攀双龙，脚踏云梯，步步登高，节节升起。上一步一劳永逸，上二步两仪太极，上三步三生佳运，上四步四平八稳，上五步五彩缤纷，上六步六合同春，上七步七星高照，上八步八面光明，上九步闻名九霄，上十步百事顺心。

乙：脚踩八宝地，手攀云中梯。上一步一家和气，上二步文武双齐，上三步三杯玉酒，上四步四面降吉，上五步五谷丰收，上六步六亲汇集，上七步齐声恭贺，上八步八代顺遂，上九步永久富贵，上十步万事大吉。

合：手攀屋梁，境登天堂，送财送喜，降吉降祥。

合唱这四句后，甲乙二人就在屋梁上喝酒吃肉。吃喝后，又开始“赞屋场”、“赞酒瓶”、“赞酒”、“赞豆腐”、“赞粑粑”，最后抛粑粑。粑粑抛下屋，逗得大人小孩一窝蜂似的去抢粑粑，抢粑粑就是抢财喜。人人都想抢到粑粑，熙熙攘攘好不热闹。一阵喧嚷之后，甲唱：“鹞子翻身下梁脊，主东万事如心意；勤劳致富发财路，给你搭的冲天梯。”乙唱：“鹞子翻身下屋梁，主东稳如泰山梁；人生宝地千年有，荣华富贵万年长。”

在唱上梁歌的过程中，主梁徐徐升上墙枋，两位木工师傅分站梁头、梁尾，众人随之齐声喝彩，同时鞭炮齐鸣，热闹非凡。

上梁后，要当天盖好屋瓦。完工后，这时主家要备好酒席，宴请木匠、石匠、泥匠师傅及前来祝贺的亲朋好友等。

● 乔迁

乔迁，俗称“搬家”，或是自己筑有新居，或是另租房屋搬迁，均称为“乔迁之喜”。乔迁，新居张灯结彩、贴红对联，营造喜庆气氛。亲朋好友、邻居、族亲都要送礼物或红包表示祝贺。各媳妇娘家要送菜刀、火夹等各种家庭用具来祝贺。旧时乔迁，一般都在后半宿，夜深人静，路上无外人时搬家，意怕遇上人冲了吉利，万一路上遇到熟人，也不要与之搭腔，以免冲喜。搬家时先搬锅灶，再搬其他用具。现在夜间搬家之事已很少见。搬迁新居后，亲朋好友都带着礼品前来祝贺乔迁之喜，俗称“温锅”或“暖锅”。礼品多为屋内器用及陈设品，其意为帮助安家。这天主家必定要隆重庆祝一番，一般都要举办大型宴会，杀鸡宰鸭，答谢神明，宴请来宾。

◇吉祥装饰习俗

在民居建筑中，装饰文化十分明显，如门墩、门楼、窗户、栏杆等装饰随处可见。在这些或粗犷或精美的雕饰中，趋吉辟邪的习俗倾向鲜明。

● 四合院的门墩

四合院的门墩雕刻十分精美，由须弥座、锦铺和鼓身等部分组成。鼓身主要有鼓形和箱形两种，鼓形的称“圆鼓子”，箱形的称“方鼓子”。鼓身上雕刻着中国传统的吉祥图案，是了解中国传统文化的石刻艺术珍品。门墩上这些精美的图案，工艺精湛，素朴自然，图案充分借助谐音、象征、暗喻等表现手法，表达人们对美好生活的向往。比如：

九世同堂："狮"和"世"谐音，雕九只狮子的图案寓意家世和睦、源远流长，表达对合家团聚、同堂和睦的祝愿。

连年有余："鱼"和"余"、"裕"谐音，象征吉祥富裕、美好，雕"莲"和"鱼"的图案也象征着"连年有余"。

狮子绣球：狮子咬住绣球是将有喜事上门的吉兆。

岁岁平安：雕刻一只插有结穗植物（如稻、稗）的花瓶，旁边再雕上一只鹌鹑。"穗"和"岁"、"瓶"与"平"、"鹌"与"安"谐音，表示"年年平安"等，内容非常丰富。

● 福建土楼的命名

土楼的命名，或雅或俗，或隐或显，但都意境深远、意味深长，折射出楼主祈福求吉、追求事业兴旺发达的心理。

（1）有以"福"、"兴"、"昌"等吉祥字眼命名的。如永康楼、日升楼、福星楼、福田楼、裕兴楼、庆余楼、九福楼、永安楼、振福楼、永昌楼、积庆楼、德馨楼、永和楼、永固楼、福兴楼、集源楼……每个楼名都很清楚地表明了楼主追求美好生活、对事业昌盛的期盼与祈求。

（2）有以意蕴丰富的数字命名的。如永定大溪乡太联村的五福楼，楼主游廷峰建造此楼时，有五个儿子，乃寓意于

"五"，将楼命名为"五福楼"，并以"五"为布局基数：五单元，五楼梯，五个厅，五通道。在楼主的心目中，"五"内涵丰富且意蕴深长，象征五行、五福、五典、五德、五常、五经。

(3) 有以祝愿祈祥之意命名的。松竹楼和五十楼，分别取"竹苍松茂"和"五风十雨皆呈瑞"之意。或取家族兴旺之经验定名，如衍香楼，蕴含"积德多繁衍，藏书发古香"之意等。

湘西吊脚楼的窗饰

窗饰雕刻常利用谐音来表达事物之间的联系，使人产生美好的联想。如"喜"、"禄"、"封"、"侯"吉祥之意，在窗饰上用喜鹊、奔鹿、蜜蜂、猴子四种动物的形象构图，利用谐音拼成吉祥语，寓意大吉大利、兴旺发达。如"喜事连年"这一吉祥语，把喜鹊、柿子和莲花三种动植物刻在一起，寓意喜事连连、吉祥长久；其他如"吉庆有余"、"三阳开泰"、"六合同春"、"喜牛望月"、"五福捧寿"等，都很好地利用了谐音这一手法。还有一种常见的修辞手法，就是通过组合图案和文字的方式，运用通感、联想等手法把雕刻表达的寓意加以延伸。如"凤穿牡丹"，有"富贵吉祥"之意；"麒麟送子"意为祥瑞降临、圣贤诞生；"喜鹊登梅"意为国泰民安、喜事不断等。图案造型生动、简洁，布局构思巧妙，层次丰富、清晰，体现出一种古朴灵秀之美，皆寄托着人们对幸福美好生活的企盼和向往。

● 徽州三雕艺术

三雕艺术主要采取象征、谐音、隐喻等手法，利用人们丰富的想象，以寄予美好祝愿，折射出浓郁的生活情调，辟邪求吉心理突出。

在木雕中常见表现题材是表现吉祥如意的"喜禄封侯"、"喜事连年"、"鹿鹤同春"、"三阳开泰"、"五福捧寿"、"喜鹊登梅"、"岁寒三友"等。

有一幅常刻在大厅上房窗棂上的《高福高寿图》，由两幅图案组成：一为《五福捧寿图》，图案正中为五只蝙蝠围着蟠桃在云端展翅；另一为《双鹤腾云图》，两边对称雕有两只仙鹤在祥云上飞翔。祥云所在，必为高处；蝙蝠的"蝠"与"福"谐音；蟠桃、仙鹤为长寿象征，因此三图合为《高福高寿图》。五只蝙蝠，即为"五福"。两对仙鹤，暗指父母、祖父母。因上房为正房，多为长辈的卧房，其寓意不言而喻，祝愿长辈双双高福高寿。

砖雕、石雕虽受雕刻材料本身所限，但精品亦不少。常用松、鹿等题材，反映主人追求长寿、福禄等求吉心理。

此外，在门神、对联等装饰形式中，也有生活美满、财源广进及趋吉辟邪等寓意。

◇居住禁忌

在民间，居住空间不仅是物质的，而且也是文化的、信仰的。“空间禁忌是在强化和维系各种文化范畴的界限性，禁止人们随便地模糊或逾越这种界限。在某种意义上，因为有了禁忌，我们才有了神圣的居住空间，才能在神圣的居住空间里从事各种精神和文化活动。”①

● 门忌

在过去，门为身份地位的象征，但更主要的功能是防范和保护，即驱邪避祟，保护家人生命、财产安全。因而，在建房过程中，门的建造有很多禁忌：

（1）忌门对门。在箍窑过程中，要避免与邻居的院落大门相对，即所谓“二门相对，双方不吉”，即使是自家左右厢窑的门也要避免。实在无法回避，可以在大门上方挂明镜、悬铁器，将“邪气”反射向天空。如果两家有隙，则会互相反射，导致两家关系恶化，甚至造成重大灾祸。

（2）忌横梁压门。横梁压门让人一进门就有受压制的感觉，会令家中之人无法发挥自己的聪明才智，甚至压抑终生。

---

① 万建中：《禁忌与中国文化》，北京：人民出版社，2001 年第 1 版，第 301 页。

(3) 忌门大宅小或门小宅大。实为建筑空间上的协调，但却被喻为“肚小嘴大，吃（格）吃得多，装（格）装不下”，“肚大嘴小，永世难饱”，均被认为是不聚财性质的门宅比例失调。

(4) 忌穿心门。要避免在同一方向上开前后门，如果实在没办法，也要在尺寸上加以调整，使前后门略为错开，不开在同一轴线或直线上。

● 火神禁忌

火塘是家庭的核心，也是家庭成员进行交流、增强凝聚力的载体。火塘源于取暖、熏烤食物、照明等原始的功能，进而从物质需求上升到神灵崇拜，跨越火塘被视为禁忌，围坐火塘有尊卑位置的区别。

很多地区搬家时得先搬火种，再搬其他东西。火塘中的火种不能用水，特别是用尿浇熄，不得向火塘内倒污秽物，妇女不得从火塘上跨过。除大年三十那天外，火塘中放锅用的三脚铁架不得随意移动和脚踏，否则就不吉利。因为它是火神的象征物，是安家立业的标志。

● 灶神禁忌

民间认为灶神是玉皇大帝的使者，是管一家安乐的神祇，负责向玉皇大帝汇报人间的情况。灶神诚实直爽，不说假话，给玉皇大帝汇报时善不隐，恶不漏。每年腊月二十三人们要送灶神上天，去见玉皇大帝，三十天后再接回来。因此，民间对灶神的禁忌特别多。打新灶必须选好日子，还要祭灶神，忌用脚踏灶和坐灶上，忌将脚盆放在灶上，忌在灶上煮狗肉。逢年过节，初一、十五还要点“灶灯”或“锅灯”（油灯），在灶台上插香，祭祀灶神。

● 魇胜术忌

如果主家在建房过程中，对匠人招待不周，匠人就往往会在墙体或檐柱等处安设祟物，达到报复宅主的意图。当然，也有误会主家设祟而后解祟的。因而，基于对这种“魇胜术”的禁忌心理，主家一般都会好好招待匠人。

居住禁忌随处可见，类型多样，除以上四种禁忌外，还有栽树禁忌、厕所禁忌、产忌、丧忌、武器忌等。

居住在文化空间里：居住仪礼

中华民族是礼仪之邦，讲求上下、主客、尊卑、长幼等秩序，这种秩序在居住空间中也得到突出的呈现，在漫长的历史发展中，各族人民逐步形成了各自具有地域特色的居住仪礼。

◇居住秩序仪礼

•厅堂、祠堂

《说文解字》中解释："堂，殿也。"《释名·释官室》中则说："古者之堂，自半已前，虚之为堂。堂者，当也。谓当正向阳之屋，以取堂堂高显之义。"厅和堂两者没有严格的区别，前者是从功能上说的，后者是从礼制上说的，所以两者往往连称在一起。厅堂是民居建筑最重要的组成部分，是主人进行会客、议事、礼仪等活动时的主要场所，既与生活起居部分有便捷的联系，又有良好的观景环境。厅堂居于住宅的中央，坐北朝南，向阳，这可能和祖先崇拜仪礼相关。南方的民居住宅，虽然采用几座房屋围成院子的组合方式，但其中最重要的房间——正厅，依然设置在天井的北侧，即坐北朝南方向。

在中国传统建筑中，任何一种住宅形式的中轴线的正中都要安排一个空间完整的厅堂。厅堂是家族议事、会客、婚嫁、丧葬、祭祀祖先等仪式举行的场所，也是特定时空条件下权力关系、经济关系、宗教关系、亲族关系及其他社交关系展示的空间场所。如四合院，一般在北房三间仅中间一间向外开门，设为厅堂。这和社会、文化、习俗及建筑形式等原因密切相关，因而有四合院不同空间位置的不同功能的区分。四合院厅堂两侧的两间，仅向厅堂开门，形成套间，多作为卧室，成为一明两暗的格局。

徽州民居的厅堂高大开敞，厅堂有前后之分。进大门为前庭，中设天井，厅堂设在天井的北侧。厅堂与天井之间不设墙壁与门窗，属于全敞开式。厅堂用中门与后厅堂隔开，前厅堂为堂，在祭祀、交流、进行大型活动的时候使用。前厅堂正中央平时悬挂山水、花鸟或象征吉祥如意的福、禄、寿三星，但每逢传统祭祀之日，主人便将画轴收起，改换成祖宗遗像。画像两旁一般悬挂一副木质漆联，下面摆放一张八仙桌，上面摆设香炉等祭祀用品；后厅堂设一堂二卧，卧室分东尊西卑居住。

天井不仅有通风透光的功能，也是中国传统礼俗文化在空间上的延伸。徽州民居中的天井，一般像一个倒置的“V”字，四面屋顶的雨水都流向天井，称为“四水归明堂”，意思就是外财归家，象征四方之财源源不断集中到家里来。徽州民居建筑一般都是两层楼房，房屋从四面或三面围绕天井布局。围绕中轴，两厢对称，正房一般面阔三间，完全敞开。

“如果说厅堂是家长权力的象征，祠堂则是族长权力的象征。厅堂与祠堂都有祭祀的功能，而祠堂还是族人聚会的‘俱乐部’”。[①] 祠堂是供设祖先神主牌位的，是祖先安灵之

① 王其约：《传统居民的厅堂与祠堂》，载《新建筑》，1996年第4期，第58页。

所，象征着祖先的存在，因此祠堂也就成为祭祀祖先的场所。祠堂祭祖有季祭、节祭、生辰忌日祭等。祠堂在旧时宗法社会中的作用十分显著，除了具有宗法功能外，祠堂作为家族组织的活动中心，还具有宗教、文化娱乐、教育甚至行政功能，这些功能是厅堂空间所没有的。祠堂是族长发号施令的场所，也是族人的议事厅，是整个家族的象征。它的建筑寓意不断给族人以心理暗示，从而起到了极为有力的凝聚族众的作用。因此，一般来说，祠堂都有地理的空间，其建筑规模也都比住宅大，装饰也更精致。

在居民建筑中，厅堂和祠堂合一的建筑形式，称为堂屋、祖堂，在客家人居住的赣南、闽西和粤东北地区都仍存在，如土楼、围拢屋和围子。

在福建土楼中，祖堂同样处在土楼的中轴线上，但与其他地区民居相比，它处在更为核心的位置，真正成为天、地、人三者合一的象征。无论是方楼、五凤楼还是圆楼，祖堂都位于中堂的明间，居整个建筑群的中心。如果内院不建房屋，则祖堂处于中轴线的尽端，并正对大门入口，开间比环周的住房明显加宽。一进入土楼，一眼就能望到它显著突出的地位，有的祖堂前还伸出披檐，更强调了它的存在。在圆楼“承启楼”中，祖堂被三个环形土楼所包围，它本身也是一个圆形建筑，祖堂前以回廊围合成半圆形的天井，四个同心圆的建筑环环相套，祖堂则占据圆心。所有的房间都朝向祖堂，使它成为这个圆形小宇宙的中枢。

赣南民居无论是围屋式、堂屋组合式还是吊脚楼式，堂屋都处于突出的位置。围屋式民居以祠堂或堂屋为中心，所有房间中轴对称，形成两排两进的“工”字形和三排三进的“王”字形，四周由两至四层的围屋包围，四角或对称的两角有两个或四个炮楼，一般只有一个出入口，防卫森严。堂屋组合式民居基本单位是“一堂式”，即一明两暗的一列三间房，明间为堂，次间为室，两侧延伸出东西向的横屋。“两堂式”，即通过天井左右的走廊将两栋连在一起，成为门厅和上厅。

● 空间等级秩序

受中国传统文化的影响，民居空间的位置分布，也有身份地位的区分，尊卑、长幼、先后等秩序鲜明。

四合院房间的建造尺寸及安排很有讲究，符合伦常的配置。正房开间和进深尺寸都要比厢房大，正房左右接出耳房，由尊者长辈居住。正房前，院子两侧各建厢房，其前沿不超越正房山墙，厢房是后辈们的居室，男女、长幼、尊卑秩序井然，这符合中国长尊幼卑的传统。

四合院结构严整、对称，设计中融入封建宗法理念，展现了传统社会长幼有序、上下有分、内外有别的伦理秩序。四合院作为宗法制度的外在表现形式，无疑进一步强化了宗族内部的凝聚力，有利于宗族社会的团结与稳定。如果说这种宗法制度是维系中国封建社会传承千年的精神支柱，那么四合院可以说是这种思想理念的物质家园。

福建土楼，是聚族而居的民居形式，宗法制体现得更为明显。从外在特征来看，土楼无论大、小、方、圆，其内部结构都是内通廊式的，从进入土楼大门开始，人们便可以通过通廊、楼梯毫无阻隔地到达楼内任何一个房间。在同一土楼居住的人们即便分家分户，但却是辈分分明的同血缘族人，长幼有序，叔、伯、子、侄辈分有别，最高辈分的长者为族长。家庙或堂屋是家族的精神核心，每个土楼都供奉同一个“老祖宗”。

永定县苏氏衍香楼，直径40米，庭院深深，形制宏大，古木参天。一般土楼内、外环楼都多为圆形，外环套内环，环环相套，而衍香楼却为外圆内方，恰迎合了“天圆地方”的观念。内部为一个大门，两口水井，三个厅堂，四副楼梯，每层34间，四层共136间，按八卦格局建造而成。楼的内厅则效仿了府第式建筑，前堂、中堂、后堂依次排列，中堂位置突出。一层为厨房餐厅，二层为粮仓，三四层为卧室。这种聚族而居的形式，共门户、共厅堂、共庭院、共水井，形成一种土楼内的宗族小社会。

◇居住交往仪礼

人们在居住空间中，座次礼仪分明，尤其是宴席座次及坐法，主客位置不能颠倒。

• 坐、跪礼仪

坐、跪是古代重要的交往礼仪。古时席地而坐，坐时两膝着地，臀部贴于脚跟，“虚坐尽后，食坐尽前”。“尽后”是寒暄对话之时，身体应尽量朝后靠一点，以表谦恭；“尽前”是饮食之时，身体应尽量往前挪，以免饮食掉落，污染坐席而对人不敬。跪是两膝着地，挺直身子，臀部不贴于脚跟，以示庄重。

蒙古包中的坐法也特别讲究。蒙古包西就座者，应屈左膝，蒙古包东就座者，应屈右膝。单腿盘坐压腿表示友好、礼貌。孩子或晚辈在老人或长辈跟前，都要按照这样的坐法。盘腿大坐是一种自由而讲究的坐法，一般长者采取这种坐式。值得注意的是，盘腿大坐的时候，无论什么人，都忌讳脚掌朝着佛爷或宗长。在祖宗神灵面前祭祀或祈祷的时候，要采取跪坐的姿势。家里忌讳蹲坐。俗语说：“累也不能拄鞭子，忙也不能蹲下坐。”即使是来客，也不能蹲坐。

• 座次礼仪

古时在公共场合，座次尊卑有别。官高、长者为尊，居上位，官低、年幼为卑，处下位。古人尚右，以右为尊，左迁即表示贬官。民居建筑通常是堂室结构，前堂后室。一般的民居住宅都是坐北朝南，特别忌讳方位朝北。如果厅堂东西长南北窄，那么最尊的座次是坐西向东，所以常常用来礼敬老师。“后来就用‘西席’、‘西宾’来代指受业之师和幕友。与之相对的是坐东朝西，这是主人的位置，后来被聘用的塾师、幕友以及被雇用的职工就用‘东家’来称呼主人”。[①] 其次是坐北向南，再次是坐南面北，坐东面西的位置最卑。

① 汪少华：《古人的坐姿与座次》，载《南昌大学学报》（人社版），1999年第3期，第130页。

第六章

敬老习俗礼仪

中国是一个崇尚传统、尊老敬老的国度，早在两千多年前，孟子就说过："谨庠序之教，申之以孝悌之义，颁白者不负载于道路矣。"意思是说，学校要教给学生孝敬父母、敬爱兄长的道理，少年在路上遇见白发苍苍的老人，不论是否相识，都应尽力帮助老人携带肩挑背扛的物品。又说"老吾老以及人之老"，意思是说，我们不仅要尊敬自己的老人，还应尊敬社会上其他的老人。

中国是一个崇尚传统、尊老敬老的国度，早在两千多年前，孟子就说过："谨庠序之教，申之以孝悌之义，颁白者不负载于道路矣。"意思是说，学校要教给学生孝敬父母、敬爱兄长的道理，少年在路上遇见白发苍苍的老人，不论是否相识，都应尽力帮助老人携带肩挑背扛的物品。又说"老吾老以及人之老"，意思是说，我们不仅要尊敬自己的老人，还应尊敬社会上其他的老人。

故事寓意深：《斗鼠记》与敬老文化

在湖北十堰一带有一个广为流传的故事，故事的原始版本叫《斗鼠记》。大意是说：

在很早以前，麇国有个不成文的规定：凡是上了六十岁的老人，都会被家人送到偏远的"寄死窑"[①] 里去。家人送

① 现在湖北十堰官山镇附近的山上，有不少这样的窑洞，当地人又叫"老人洞"、"自死窑"、"巴人洞"等。据说，那里是人到六十岁之后被遗弃的地方，当地普遍流传着《斗鼠记》的传说。

三天食物后便不得再管，然后任其挨饿受冻而死，任何人都不能违反这个规定。一年，某外国使臣带着一只体型如黄牛般大小的“犀鼠”，欲同麋国挑战，要求斗鼠，约定失败的一方要向对方称臣纳贡。国王和大臣绞尽脑汁，尝试了所有的办法，甚至放出全国最凶猛的老虎亦不敌挑战者。这时举国上下，惶惶不安。一位叫杨三的农民因为不忍心把年迈的父亲送去寄死窑里，偷偷将老人藏在家里奉养。有一天，他把这个事说给父亲听，父亲告诉儿子：“因为老鼠的天敌是猫，如果将猫养到十三斤半，放出来肯定能一举击败犀鼠。”杨三听后立刻报告国王，照此方法去做，果然获胜。这个农民受国王褒奖时说出是自己年过六十的父亲所献的计策。国王听后，认识到“老人是个宝”，于是下令在全国废除了弃老于寄死窑的规定。

这个故事曲折地反映了远古时期曾经有过遗弃老人的习俗。根据有关资料推断，造成弃老的原因有两点：第一，在早期的渔猎和采集时代，由于整个社会的生产力水平低下，食物匮乏是人类生存所面临的最大困难，氏族群体没有足够的剩余产品来养活老人。第二，当时社会处于蒙昧状态，人类积累的知识经验很少，老人失去劳动能力后便成了集体的负担。当时囿于严酷的生活条件，人们并不把这种习俗看做是非人道的残忍行为。

◇尚齿与养老

早期的敬老在古代文献中叫做“尚齿”，“尚”就是尊崇，“齿”表示年龄，“尚齿”就是对老年人的尊崇。《礼记·祭义》中有“昔者有虞氏贵德而尚齿，夏后氏贵爵而尚齿，殷人贵富而尚齿，周人贵亲而尚齿”的记载，意思是虞、夏、商、周四代的价值评判标准分别是德行、官爵、财富和亲情，共同点是对老年人的尊崇。

在早期中国社会有一些对尚齿的标准和规定，也就是以十年为一个年龄阶段，按照这个标准来区别尊卑，社会给予不同的待遇。《礼记·王制》记载：

> 五十养于乡，六十养于国，七十养于学，达于诸侯。八十拜君命，一坐再至，瞽亦如之。九十使人受。
>
> 五十异　，六十宿肉，七十贰膳，八十常珍，九十饮食不离寝，膳饮从于游可也。
>
> 五十不从力政，六十不与服戎，七十不与宾客之事，八十齐丧之事弗及也。

优待老人的措施各代都有不同的规定，直到以父子为中心的家族伦理体系形成后，辈分制才逐步冲淡了十年一级的养老做法。

◇敬老与尊师重贤

老人在古代社会能获得亲敬，一方面有血缘亲情的关系和对养育之恩的报答等感情方面的原因；另一方面，老人在社会生活中有不可替代的作用。

从远古时期开始，部落的首领就担当了领袖和导师的双重身份，后来随着社会的发展，才有了领袖和老师角色的分工，但领袖在道德和智慧上都要靠导师的指导。正如《礼记·学记》所言，“能为师然后能为长，能为长然后能为君”，“三王四代惟其师”。从历史上看，早期的老师都是年龄大于学生的，自从夏禹传位给儿子，开天下世袭的先锋后，老师的地位越来越重要，因为即位的小皇帝主要靠老师的教导才能治理天下。这样老师就受到皇帝的敬重，社会上也形成尊师的风气，一个突出的表现就是对老师的膜拜，大多数家庭都有“天地君亲师”的牌位，用以祭祀天地、祖先和圣贤，这里的“师”特指孔子，他是老师的代表，本来是平民之师，死后地位日益显赫，历代帝王都择期亲自祭祀。

贤能是中国文化的特有概念，对贤能的重视是敬老文化的一个产物。贤包括道德和才能两个方面，在大多数情况下，德才兼备是老年人的理想人格，郑玄在给《诗经》作注的时候，对养老礼有一个解释叫做“老人众多，非贤者不可皆养”，老人们头上所戴的礼帽就称作“进贤冠”

◇家族与敬老养老

在中国漫长的封建社会里，以血缘和姻缘组成的家族是中国社会的重要生活共同体，也是敬老实践的基本单位。中国家庭的一个特色是形成三世同堂、四世同堂乃至多世同居共爨的局面。在这样的大家庭中，族长和家长拥有绝对的权威。究其原因，除上述在农业社会拥有丰富生产经验的重要性外，中国传统的宗法制度对其权威地位的形成也有一定强化作用。从先秦时诸侯分封制演变过来的宗法制，有一个基本原则是嫡长子继承制，也就是说地位、财产和祭祀权由嫡长子继承，这使家族在发展中有永远的权威角色。其次，儒家思想的影响及帝王、士大夫的提倡也提高了老年人在家族中的地位。汉代以来，国家对老人进行物质救助和授予荣誉的做法以及各种尊老仪式的举行，大大提高了老年人在社会上的地位，同时，社会舆论对家族中不尊敬老人、不养老人甚至虐待老人的不肖子孙给予了普遍的谴责和惩罚。

秦汉以来，家庭中对老年人的重视和尊敬主要集中在对老年人的衣食住行等生活基本保障方面。南朝人宗懔所撰《荆楚岁时记》是对岁时节日的记载，但我们从中能看到对老人的奉养。比如，每天鸡叫后，子女就要起床，然后侍奉年迈的父母洗漱梳头，并为老人准备好当天要穿的衣帽，请安问候，然后伺候老人用早餐。这些日常的生活礼仪都细致入微地体现了对老人的尊重。清代的《弟子规》依照儒家伦理编写而成，主要内容是对个人成长提出要求。比如：要孝敬父母，友爱兄弟姐妹；言行要谨慎，要讲信用；与人交往要平等仁和，要向有仁德的人学习；此外，如有余力，应努力地学习礼、乐、射、御、书、术等六艺和各种经典，以及其他各种有益的学问。如《弟子规·入则孝》：

父母呼　应勿缓　父母命　行勿懒
父母教　须敬听　父母责　须顺承
冬则温　夏则　晨则省　昏则定
出必告　反必面　居有常　业无变
事虽小　勿擅为　擅为　子道亏
物虽小　勿私藏　私藏　亲心伤
亲所好　力为具　亲所恶　谨为去
身有伤　贻亲忧　德有伤　贻亲羞
亲爱我　孝何难　亲憎我　孝方贤
亲有过　谏使更　怡吾色　柔吾声
谏不入　悦复谏　号泣随　挞无怨
亲有疾　药先尝　昼夜侍　不离床
丧三年　常悲咽　居处变　酒肉绝
丧尽礼　祭尽诚　事死者　如事生

这部分内容在言行、举止、赡养、情感、祭祀等方面给家庭中子女和父母的孝道关系作了细致的规划和要求，阐释了家庭内“孝”的内涵，使孝成为人人可以遵守和践行的行为规范。

敬老亦有制：历代敬老礼俗

历代统治阶级为了明人伦、施教化，养成敬老、养老的社会风尚，在敬老礼俗方面有许多不同的规定。

◇先秦时期的敬老礼俗

先秦时期的敬老礼俗，我们可以在《周礼》《仪礼》《礼记》中看到一些记载，而夏商两代几乎没有。据史书记载，周朝对老人在做官、赋役、刑罚、赐杖等方面有特别的优待和照顾。

先秦时期，大夫七十岁要“还政于君”，类似今天的退休。如果因工作需要不能告老还乡，国家会赐予老人席地而坐时所倚靠的器具和站立时用的手杖；如果需要外出，还会给老人安排安稳的车子，并由妇人照顾老人的饮食起居。这主要是针对老年官员的特殊照顾措施。

养老礼俗还会照顾到老人的家人，这不仅针对官员，还会惠及平民百姓。老人到了一定年龄，大多失去劳动能力，甚至生活难以自理，需要家人照顾。国家设置了专门的老年事务官员——“掌老”，还规定七十岁以上的老人可以免一个孩子的赋役，八十岁以上的老人免两个孩子的赋役，九十岁的老人全家都免赋役。这样的规定减轻了有老人的家庭其他成员的负担，使老人得到更为周到的照顾和赡养。

不仅如此，对触犯刑律的老人，也有特别的政策。《周礼》中规定对犯罪的孩童、年迈的老人和智力低下的人都要免于处罚。在《管子》中提到，对年迈的老人也不能实行刑罚，即使犯罪，也要宽恕三次后才治罪。这些规定都体现了当时社会对老人的关怀。

在具体的社会礼仪方面，养老尊老的做法主要有三种：一是天子到各诸侯国巡狩时，不是先见诸侯而是先见老人，表示对老者的尊重，同时还把诸侯国内是否尊老养老看成衡量地方政绩的重要标准。二是天子到大学，先行祭祀先师先圣，然后请老人们入席，由天子袒着上身，亲自为老者割肉和进献食物，向他们敬酒，还要持盾牌歌舞以娱乐老者。三是每年十月都举行大规模的“乡饮酒礼”，这是中国庞大礼仪系统的胚胎和萌芽，既为乡学荐举人才而饯行，又是推行社会底层尊老教化的手段，还能进行基层的军事和体育的演练，维护地方的稳定。可以说，敬老养老的礼仪制度和民间习俗，体现在社会生活的方方面面。

◇秦汉时期的敬老礼俗

西汉建立后，以秦为鉴，在前朝制度基础上作了较大的调整，思想上以儒家为主导，尤其是汉武帝实行“罢黜百家、独尊儒术”的政策后，大力推行“三纲五常”人伦思想，与此同时，在孝养老人、抚恤鳏寡孤独方面也做了很多工作，形成了独具特色的养老制度。

汉文帝曾下诏书规定：八十岁以上的老人每月供给一石大米、二十斤肉、五斗酒，九十岁以上的老人每月再加两匹帛、三斤絮。中国北方冬季寒冷无比，老百姓没有棉花，用不起帛、絮，只有不保暖的葛麻衣服，所以给九十岁以上年迈老人的是基本的生活保障。后来还规定，这些物品的供给由县令直接主管，九十岁以上老人的救济物则由县丞亲自前往发放，这些做法本身就提高了老人的社会地位。

汉武帝时规定八十岁以上的老人免除两口人的赋税，九十岁以上的免除全家的兵役，这些做法都为家庭成员孝敬老人提供了必要的物质保障。此外，武帝时还在各郡国实行举“孝廉”制度，鼓励社会上的孝行，这是以孝治天下的重大举措。

◇魏晋到隋唐的敬老礼俗

东汉之后，我国经历了三国、魏晋、南北朝直到隋代长达两百年的分裂与动乱，敬老的礼制和习俗受到很大冲击。唐代是中国历史上的强盛期，在敬老礼俗方面也有一定的进展。在养老方面，唐太宗时，曾下诏赐给九十岁以上的老人粟三斛，百岁以上另加绢两匹，还派专门的人服侍。

值得一提的是，唐代的优老对象包括女性，这是敬老礼制的一个重要发展。其中，规定八十岁以上的妇女为“香君”，九十岁以上的为“县君”，百岁以上的为“郡君”。唐代的尊老政策体现了男女平等，是唐代开明政策和文化的反映。

唐代的养老不仅在优抚制度上有保障，历代皇帝还身体力行，躬身敬老。皇帝出巡途中经常召见地方老人，并赐予他们布帛、几杖。唐太宗在位时，曾巡行陇州、洛阳、武功、并州等地，每到一处都会“询问高年，赏赐各有差”。尽管其做法有收揽人心、维护统治的用意，但这种个别行为对敬老风气的形成起到了很好的示范作用。另外，政府鼓励家庭养老敬老，对尽孝道的典型大加旌表。具体做法是：由地方举荐，官府给予表彰，个别的甚至由朝廷赐物、旌表门闾或者免除赋役，还载入史册，永世流芳。通过这样的方式，树立了孝道的典型，有助于促成社会孝亲的风气。

由于国家的倡导、制度的保障和皇帝的表率作用，整个社会的敬老风气逐步形成。尤其是在家庭中，孝顺是敬老的主要内容，《唐书·孝友传》中有许多孝顺事例的记载。有的是从小孝顺父母，父母患病，钻研药方，终于成为名医；有的是在危险的环境下救助父母或请求代为父母担罪等。

◇宋元明时期的敬老礼俗

宋朝户籍制度发生了变化，原先依附于士族地主的佃农家庭都可以进入国家户籍系统，家庭数量迅速膨胀，又因为继承了隋唐以来的科举制，贫苦子弟通过考试可以晋升为士族，尊奉家庭伦理成为每个家庭自觉的追求，家族观念日盛，修家谱、建家庙的现象普及于民间。原先为国家所遵行的礼仪，逐步为百姓所奉行。与此相应，宋代养老更注意礼仪的实效，礼教的约束更加严格，社会过度提倡“割股疗亲”的伦理思想，宣传十世同居的家族理想，对妇女的要求更加苛刻，同时司马光的《家范》、朱熹的《家礼》等家族礼仪范本开始涌现，其思想体系在社会上也逐渐取得巩固地位。在优待老人方面，宋代不如前代做得好。有记载的是，宋太宗时曾向全国百岁老人赐予布帛和粮食，还派遣地方官员慰问老人。

辽金和元朝的尊老事迹鲜有记载，到了明代，尊老礼制有较大的进展，朱元璋上任伊始，就规定家里有七十岁以上老人的，准许免除一个人的赋役以侍养老人，贫苦的老人赐予米和肉，家庭富裕的则赐予爵位，这种区分贫富的优老政策反映其救济贫民的愿望。洪武年间，明朝政府诏令重新制定“乡饮酒礼”的规范，每年五月十五和十月初一在儒学中进行，扩充了参与的名目和人数，对乡间普及尊老教育起了一定作用。清朝是封建社会的最后一个王朝，在尊老方面做出许多超越前朝的成绩，尤其是乾隆时期，达到尊老养老的高峰，重要标志是人瑞坊和千叟宴。

人瑞坊是指用建坊的形式来旌表老人，这种做法在宋代已开始，清朝成为固定的礼制。《大清会典》记载，要给百岁老人赠与“升平人瑞”的匾额，并拨银两为其建坊，这些还会被记入地方志当中，流芳千古。

千叟宴是康乾盛世中皇帝为了显示其治国有方，并表达对老人的关怀和尊敬而举行的规模最大、参与人数也最多的宫廷盛大宴会。据史书记载，清代在历史上举行过四次千叟宴，时间分别是康熙五十二年、乾隆五十年、乾隆六十年、嘉庆元年。其中以乾隆五十年最为隆重，时值乾隆添五世玄孙，他自称“古稀天子”。千叟宴在正月初六如期举行，宴席地点从畅春园一直到乾清宫内，当时内外文武大臣官员、致仕大臣官员、士农工商以及各地方代表三千余人参加了这次大宴。后来乾隆六十年，全国农业都丰收了，决定再次举行千叟宴，规模盛大，人数达五千人。

孝行千古传：二十四孝的故事

中国古代对老人的尊敬集中地体现在孝道观念上，“孝”是几千年儒家伦理的中心，更是中国传统社会维持传统伦理的重要准则，是中华民族的传统美德。《二十四孝图》为元代郭居敬所辑录，收录了不同朝代二十四个孝子的故事。在二十四孝故事中虽不乏过时的、落后的乃至不合人间情理的内容，但透过这些故事，如何尊敬和孝顺父母对我们当下还是具有一定的启示意义。

孝感动天

舜是传说中的五帝之一，从小就很孝顺父母。舜的生母在舜十几岁时就去世了，父亲是个忠厚老实的农夫，有音乐天赋。他后来又娶了一位性情粗暴的妻子，生了一个儿子名叫象。象长大后非常傲慢、无理，经常伙同父母陷害哥哥。有一次，父亲让舜爬到谷仓上面，用泥土修补谷仓。舜上去以后，父亲在下面放火烧谷仓。舜支开两个斗笠，像鸟一样飞下来才得以逃命。又有一次，父亲让舜挖井，但舜下到井底的时候，父亲和象一起往下倒土填埋水井，舜挖了地道才逃出来。事后舜一点都不记恨，对父母一如既往的恭顺，对弟弟依旧关心照顾，引导他改过自新。这一举动感动了上天。当舜在历山耕田时有神象相助，还有神鸟帮忙锄草。帝尧听说舜如此孝顺，就把自己的两个女儿娥皇和女英嫁给了舜。后来经过观察和考验，尧把帝位也传给了舜。

戏彩娱亲

春秋时期楚国有个隐士叫老莱子，他非常孝顺父母，总是用最好的美味供奉双亲，想办法让父母健康长寿。他七十岁的时候，父母还健在，为了让父母高兴，他买了小鸟，教鸟儿发出动听的声音。老莱子还经常穿五色彩衣，手持拨浪鼓像小孩子一样玩耍，以博得父母开怀大笑。一次为父母送水，他假装摔倒在地上，学小孩子哭，二老大笑。

鹿乳奉亲

周朝有个叫郯子的，从小很孝顺。父母年迈，患有眼疾，想要用鹿乳疗治。他就披鹿皮钻进深山，到鹿群中挤鹿乳，供奉双亲。有一次他钻进鹿群取乳时，猎人把他当做麋鹿，差点射杀他，郯子急忙掀开鹿皮站起来，他把取鹿乳为双亲治病的情况告知猎人，猎人敬他孝顺，以鹿乳相赠，并护送他出山。

百里负米

仲由是春秋时期鲁国人，字子路，是孔子的得意弟子，性情直率，孝顺父母。早年家境贫寒，他生活非常俭朴，常常到山里挖野菜做饭食，却从上百里的地方背着米回家侍奉双亲。父母过世后，他南下楚国做了大官，当时出门随从的车马有上百辆之多，每天吃的山珍海味，生活非常富足，但他并不开心，常常怀念双亲，慨叹父母不能和自己一起享受好生活，即使是自己吃野菜，到百里外给父母背米也不可能了。孔子称赞他说："你伺候父母，可以说是生时尽力，死后思念啊。"

● 啮指痛心

曾参是春秋时期鲁国人，从小孝顺父母。年少时家贫，有一次他进山打柴，家里突然来了客人，母亲不知所措，就用牙咬自己的手指。这时的曾参忽然觉得心口钻心的疼，便背着柴匆忙返回家中，问其中的缘故。母亲说："刚才忽然有客人来，我咬手指让你赶快回来。"曾参于是接见客人。这说明至亲骨肉的心是相通的。

● 芦衣顺母

闵损，字子骞，是个孝子。生母早逝，父亲娶了后妻，后来还生了两个儿子，待子骞越来越冷淡。冬天到了，后母给亲生儿子用厚厚的棉絮做棉衣，而给子骞用芦花絮棉衣。

一次，父亲拉车外出，叫子骞帮忙。子骞因为衣服单薄，浑身打寒战，将绳子掉落地上，遭到父亲的鞭打，结果衣服里露出了芦花，父亲这才知道儿子受后母虐待，回家后便要休妻。子骞却跪求父亲说："母亲若在，只是我一人挨冻，若休了母亲，三个孩儿都要挨冻。"子骞的孝心感动了父母，尤其是后母，使她痛改前非，待子骞如同己出。自此，全家和和睦睦，幸福欢乐。

● 亲尝汤药

汉高祖刘邦的第四个儿子刘恒，是一个有名的大孝子。刘恒对他的母亲薄太后非常孝顺，侍奉母亲从来也不敢怠慢。他母亲卧病三年，刘恒日夜守护并亲自为母亲煎药汤。每次看到母亲睡了，才趴在母亲床边睡一会儿。母亲所服用的汤药，他都自己先尝一尝，然后才给母亲喝。刘恒孝顺母亲的事，不论朝廷还是民间都广为流传。

● 拾葚异器

蔡顺是汉代汝南人，从小没了父亲，对母亲很孝顺。当时正值王莽之乱，又遭遇罕见的饥荒，柴米价格都很高，母子俩只好拾桑葚来充饥。一天他拾桑葚时正好碰到赤眉军，有士兵问他："你为什么把桑葚分装在两个篓子里?"蔡顺回答说："黑色的桑葚熟透了，供母亲食用；红色的桑葚生涩，是留给自己吃的。"赤眉军听了，很敬重他的孝心，于是送给他三斗白米和一头牛，让他带回去供奉他的母亲，以示敬意。

● 埋儿奉母

晋代河内温县人郭巨，年少时家境殷实。后来父亲死后，他把家产分作两份，给了两个弟弟，自己独自供养母亲，对母亲极为孝顺。后来家境败落，他的妻子生下一个男孩，母亲喜欢孩子，总是把不多的食物让给孙子吃，而自己饿肚子。郭巨担心养这个孩子必然影响供养母亲，就和妻子商议把儿子埋掉，以便能节省些粮食供养母亲。不料，当他们挖坑时，在地下挖出一坛黄金，上书“天赐郭巨，官不得取，民不得夺”。夫妻得到黄金，回家孝敬母亲，并同时抚养孩子。

卖身葬父

东汉时有个孝子叫董永，他家里很贫穷，父亲死后他甚至没有钱办丧事，就卖身为奴以换得丧葬费用。去财主家的途中，董永在槐树下遇到一位女子，主动要求嫁给他，于是二人一同到了财主家干活。女子用一个月的时间织出三百匹细绢为董永抵债赎身。在回家途中，二人走到相会的那株槐树下，女子告诉他，自己是天帝的女儿，奉命下凡帮助董永还债，说完凌空飞走。

刻木事亲

相传东汉时有个叫丁兰的，从小父母双亡，艰难度日。他思念父母的养育之恩，于是用木头刻成雕像，侍奉他们，平时遇事都要和木像商量，每日三餐都要敬奉木像，把他们当活人一样对待。久而久之，他妻子对木像不太恭敬了，有一次用针刺木像的手指，竟然有血流出。丁兰回家看见木像流泪，问他妻子，得知实情后便将妻子休掉。

涌泉跃鲤

姜诗是东汉四川广汉人，娶庞氏为妻。夫妻俩都很孝顺，婆婆喜欢喝长江水，庞氏就每天走七八里路到江边取水；婆婆爱吃鱼，夫妻就常做鱼给她吃，还请来邻居老婆婆一起食用。一次庞氏取水回家晚了，被姜诗怀疑她怠慢母亲，将她逐出了家门。庞氏依然昼夜纺纱织布，把换来的钱托邻居送回家中。婆婆知道后让姜诗请回媳妇，庞氏回家这天，他家宅子旁边忽然涌出泉水，味道与江水一样，水中每天跃出两条鲤鱼。从此之后，庞氏便用这些来供奉婆婆，不必走远路了。

怀橘遗亲

陆绩，三国时期吴国人，精通天文和历法。在他六岁那年，一次父亲带他拜见袁术，袁术拿出橘子招待他们，陆绩吃的时候顺便往怀里藏了两个。临行时不小心把橘子滚落在地，袁术看此情景，笑着说：“你在我家做客，为什么还在怀里藏几个橘子？”陆绩说：“我母亲喜欢吃橘子，我想带回去给她尝尝。”袁术听了，十分惊奇，后来经常给人讲陆绩的美德。

• 扇枕温衾

黄香是东汉时期江夏安陆人，幼年丧母，尽心尽力服侍父亲。酷夏时他用扇子扇凉席子让父亲睡；严冬时他先钻进被窝温热被子再让父亲休息。后来黄香当了太守，在辖地遭受水灾时，他拿出家产赈济灾民，人们称他是“天下无双，江夏黄香”。

• 行佣供母

东汉战乱中，孝子江革背着母亲四处逃难，几次都险些被盗匪杀死。每次遇到这种情况，江革都苦苦哀求：“母亲年迈，需要我奉养。”盗匪看见他如此孝顺，都不忍心杀害他。后来，他迁到江苏下邳住，因为贫穷，他赤脚做雇工挣钱供养母亲。母亲去世后，他在墓旁搭建了一个草棚守灵，连睡觉都不脱孝服。他的孝心感动了乡邻，后来被推举为孝廉。

• 闻雷泣墓

三国的时候，魏国有一位叫王裒的人，非常孝顺。父亲王仪因性情耿直惹怒司马昭，最后被杀害。他隐居起来，以教书为业。因为愤于父亲死于非命，王裒从不面西而坐，表示绝不入朝为官。他母亲在世时害怕听到打雷声，死后埋葬在山林中。每逢打雷天气，王裒都跪倒在母亲坟前安慰母亲说："儿子在这里，母亲不要害怕。"他在教学生时，每当读到诗经里的《蓼莪》篇，常常泪流满面。

●哭竹生笋

三国时江夏人孟宗，少年时父亲去世，母亲把他抚养成人。一年冬天，母亲得了重病，医生说用鲜竹笋做汤才能治好。但大冬天没有鲜笋，孟宗跑到竹林寻找，找不到，抚竹大哭。这时，他泪水挥洒的地方长出了鲜嫩的笋。孟宗挖了几棵拿回家做汤，母亲喝了，病果然痊愈。

●卧冰求鲤

王祥生母早年去世，继母朱氏待他不好，经常在他父亲面前搬弄是非，使他失去了父亲的宠爱。但王祥很孝顺父母。有一天，继母生病了，想吃活鲤鱼，但时值数九寒天，王祥解掉衣服爬在冰上，使冰渐渐融化，水中跃出两条鲤鱼。他带回家供奉继母，她果然病愈。

●扼虎救父

杨香是晋朝人，十四岁那年跟父亲到田间割稻子，忽然跳出一只大老虎，把父亲扑倒在地然后叼走。杨香虽然是个小女孩，而且手无寸铁，但为了救父亲，奋不顾身上前死死卡住猛虎的咽喉，猛虎最终放下父亲跑掉了。

●恣蚊饱血

晋朝濮阳人吴猛，从小家里贫穷，但他八岁时就懂得孝敬父母，伺候父母非常周到。夏天家里没有蚊帐，蚊虫的叮咬使父母夜不能寐。吴猛故意赤身睡在父母身旁，任凭蚊虫叮咬，一点也不驱赶。他担心赶走蚊虫，会叮咬父母。

●尝粪忧心

南齐人庾黔娄，从小好学，孝顺父母。他刚任孱陵县令不满十天，忽觉心惊异常，满头流汗，预感家中出事，当即决定辞官返乡，看望父母。回到家中才知父亲已患重病。医生交代说："要知道病情好坏，必须尝一尝病人粪便的味道，味苦就容易治疗，味甜就不妙了。"黔娄毫不犹豫地去尝父亲的粪便，发现味道发甜，内心非常焦虑。他白天服侍父亲，晚上整夜跪拜北斗星，希望自己能代替父亲生病。几天后父亲离开了人世，黔娄悲痛万分，安葬了父亲，并为父亲守制三年。

●乳姑不怠

唐代崔琯的曾祖母长孙夫人，老迈年高，牙齿都掉光了。祖母唐夫人十分孝顺，每天亲自给婆婆梳头洗脸，婆婆没牙齿，无法吃饭，她就用自己的乳汁喂养婆婆，这样坚持了好多年。长孙夫人不吃其他饭食，但身体依然健康。后来长孙夫人病重，她把全家老小召集在一起，说："我也没什么能报答媳妇的恩德，只希望子孙媳妇也像她孝敬我一样孝敬她。"后来崔琯做了高官，果真做到像长孙夫人所叮嘱的那样孝敬祖母唐夫人。

• 涤亲溺器

黄庭坚是北宋的著名诗人、书法家。虽然他位居高官，但在侍奉母亲方面却竭尽孝诚。尽管家里仆人很多，但他每天都亲自为母亲洗涤便盆，没有一刻忘记儿子应尽的孝道。

• 弃官寻母

宋朝朱寿昌是个有名的孝子，在他七岁时，亲生母亲刘氏为嫡母所妒，被赶出了家门，不得不远嫁他乡，约有五十多年音信全无。宋神宗在位时，朱寿昌在朝做官，为寻找生母，他曾书写《金刚经》，得到线索后，他放弃官职赴陕西寻找生母，发誓找不见母亲绝不回家。后来朱寿昌在同州（今陕西省大荔县）找到他的母亲，这时老人家已经七十多岁了。

第七章

节日风俗礼仪

节日总是使我们的日常生活绚丽多姿。从新年到除夕，节日分布在四季流转中，年复一年，循环往复。这些节日都有着古老的历史，无论除夕守岁、中秋团圆，还是清明祭祖、七夕乞巧，都有着丰富的民间传说。月饼、饺子、粽子、腊八粥等年节食品，鞭炮、菖蒲、桃符等节俗物品，都蕴含着丰富的文化内涵，印证着时代的变迁。

节日总是使我们的日常生活绚丽多姿。从新年到除夕，节日分布在四季流转中，年复一年，循环往复。这些节日都有着古老的历史，无论除夕守岁、中秋团圆，还是清明祭祖、七夕乞巧，都有着丰富的民间传说。月饼、饺子、粽子、腊八粥等年节食品，鞭炮、菖蒲、桃符等节俗物品，都蕴含着丰富的文化内涵，印证着时代的变迁。

节日是时间的流动，是社会文化对时间的设定，历法的形成是节日固定形成的前提条件。历法是对时间的计量，人们按照观察到的天文规律，以编排起来的“年”、“月”、“日”计算时间。中国古代基本采取兼顾太阳运动与月亮运动的阴阳合历。阳历是以太阳的周期运动——回归年，作为制定历法的根据，阴历是以月亮的运动为依据。太阳公转一周 365 天，月亮圆缺一次为 12 个阴历月，共 354 天，相差 11 天，因此每隔三年设置一个闰月解决，并用来调整季节。古人很早就确定了春分、秋分两个分点和夏至、冬至两个至点。到了战国时期，则总结出完整的二十四节气。二十四节气与传统节日的形成有着密切关系。

汉魏时期中国传统节日的体系基本形成。一方面，后世节日中的绝大多数此时已经出现，相关的特定节俗活动也基本具备；另一方面，与节日相关的传说也已出现，并成为后世的经典解释或进一步阐发的蓝本。但是此时的节日笼罩在驱鬼除邪的浓厚氛围中，避恶求吉的巫术性质还比较强烈。唐宋以后，传统节日的世俗性和娱乐性不断加强。在新的社会文化条件下，一些传承久远的节日风俗礼仪开始逐渐被淘汰或淡化，有的甚至退出了民众日常生活的舞台。

中国传统节日具有顺应自然阴阳和谐、敬天崇祖的特质。中国古代文明主要孕育自农耕社会，讲求与自然万物的和谐，以祈丰收。节日则主要是顺应自然的产物。古人盛行节日占验，如立春、上元、七夕、中秋等节日中流传着卜问的习俗，以此来占卜农业的丰稔与否。阴阳观念是中国传统节日形成的重要依据，阴阳和谐是节日体系形成之初的重要内涵。从传统节日的时间设定可以看出，重要节日都分布在一、三、五、七、九月中，并且是月日重合，如正月初一（元旦①）、三月初三（上巳）、五月初五（端午）、七月初七（七夕）、九月初九（重阳）等。在阴阳观念之中，这些数字都属阳数，上述日子则阳数相重，被视为阳盛之日。古人认为阳盛日是危险日、恶日、灾难日，包藏着死亡、分离和灾厄。节日里多有禁忌以及禳灾、却

---

① 元旦在我国古代历来是指农历正月初一。自西历传入我国后，“元旦”一词便专用于新年，传统的旧历年则称春节。

病、辟邪的习俗，如上巳折柳辟邪，端午插蒲艾、戴长命缕，元日放爆竹、挂桃符等。但是，六朝以后随着人们生存能力的提高，这些节日的主题逐渐由避恶求吉转为欢愉庆祝了。元旦迎新，上巳游春，端午竞渡，七夕牛郎织女相会，重阳赏菊荐寿等，后来还出现了中秋节这一吉祥的节日，节日里充满了生活情趣。观社火、看烟花、赏龙灯、踏青、竞渡、放风筝、打秋千等节俗活动更具娱乐性，年节工艺美术品琳琅满目，美不胜收，让人赏心悦目。

家是中国人安身立命之处，是中国传统伦理道德的根基所在，中国人总是“每逢佳节倍思亲”，传统节日风俗有着浓重的崇祖色彩。崇祖是很多节日的主要习俗，元旦、清明、中元、寒食诸节的特点都是崇祖，其他不少节日也有不同程度的崇祖内容。祈求子嗣是崇祖的另一面，子嗣的繁盛是祖先香火的延续，因此许多节日中有着丰富的祈子习俗，如中秋摸瓜送灯、新年摸门钉等。祖先崇拜还表现在重视和族睦亲，团圆、拜年、串亲，加强亲族联系。

在历史发展中，虽然小的节日有所增减，但节日主干并没有变化。春节、清明、端午、七夕、中秋、重阳依然传承至今，节日的各种风俗礼仪影响着我们的日常生活。

一年之计在于春：春节风俗

传统意义上的春节建立在年终岁首的时间基础之上，始终贯穿着各种以除旧迎新为核心内容的民俗活动。在传统中国独特的家族组织形式中，更以祭神祭祖、捉鬼驱邪活动为重点。[①] 古代春节被称为岁首、正旦、元日、元旦，民国成立之后，正月初一被定为春节。中国旧俗，春节是一个持续时间很长的节日。北京民谚云："腊八粥，喝几天，哩哩啦啦二十三；二十三，糖瓜黏；二十四，扫房子；二十五，冻豆腐；二十六，去买肉；二十七，宰公鸡；二十八，把面发；二十九，蒸馒头；三十晚上熬一宿；初一、初二满街走。"赣北民谚云："烧了元宵纸，各人寻生意。"意思是，元宵节给先祖上坟烧纸之后，春节就过完了，人们就该出门挣钱了。从喝腊八粥的腊月初八到正月十五，春节要持续一个多月。

◇乡间过年[②]

我们先从赣北乡村的过年习俗说起。

• 团年饭

进入腊月，人们便开始置办各种年货，并对一年的事务进行清理。乡民们慢慢开始杀年猪、熏制猪神袚（猪头），

① 对于春节与祭祀的关系，学者多有讨论。参见萧放《春节——祭祀的节日》，载《中华遗产》，2006年第1期，第40～57页。

② 关于乡间过年，参见摩罗、杨帆《赣北乡村春节习俗考察及宗教学分析》，载《民间文化论坛》，2007年第3期。此处以赣北为例，让读者更多了解一些南方乡村的春节习俗。

备好鸡鸭鱼肉，缝好新衣。过年之前，人们还要清扫灰尘，以扫除邪气。出嫁的女儿需要回娘家送年，以表示对娘家的关心。若出嫁女儿未回娘家送年，父母将会很没有面子，女儿的声誉也会受损。吃年饭是过年的标志，但吃年饭的时间，即使在一个县的地域范围内，也存在着很大的差异。如在赣北，吃饭的时间大多安排在下午，但也有少数地方安排在半夜或者黎明。还有一些村庄过“叫花子年”，大清早别人还在睡梦之中，他们像叫花子一样躲在野外田坎下偷偷摸摸、匆匆忙忙吃年饭。还有些村庄过三天年，吃三顿年饭，被人们称为萝卜年、芋头年、薯年。① 从腊月二十六直到三十，都有吃年饭的村庄。大年三十那顿年饭称为团年饭，大多数村庄都在此前安排一顿更为隆重的还年饭。

●还年福

现在一些地方还保留着过年祭祀的习俗。赣北一些地方称他们的过年祭祀为“还年福”。腊月二十九一大早，一家人便开始忙碌，准备各种祭品。还年福需要的祭品包括：米饭一甑，猪神袚（猪头）一个，鸡鸭鱼各一，筷子一把，豆腐一块，并且都要贴上红纸，而爆竹、蜡烛更是必不可少。

---

① 这样的称谓可能和旧时的生活贫困有关，因为穷困人家“样样无，只有萝卜、芋头、薯”。

准备妥当之后，在屋前或是可见天之处，摆好祭台，将筷子插入米饭之中，由一家之主点燃爆竹、蜡烛，并同时由家中最小者将筷子拔出。祭拜之后，爆竹燃完，将蜡烛移入大厅之中，一直燃到正月初一。老人们都说还年福是对老天爷的祭祀，感谢这一年的眷顾，并祈求来年的顺利。还年福之后，各家便开始吃还年饭。

还年福是腊月二十九这一天最主要的祭祀活动。有些人家还会在此之后去村口的社公殿进行祭祀，以祈求来年庄稼丰收。有些地方则称为送天相，所谓“天相”，即天上的宰相，年终天相将要上天言事，因此村民举行一个盛大的祭祀，爆竹轰鸣，鱼肉尽享，欢送天相。正月初三一大早，人们再次放爆竹，迎接天相归来，这一年便得到了疵佑，人们可以安心行事。

吃过团年饭，收拾完毕，长辈分发压岁钱。所有家庭成员都进屋之后，便可关门放爆竹，表示这一年的结束。关门放过爆竹之后，便不能开门了，外人不能进，里面的人也不能出。与之相应，正月初一开门也要放爆竹，称为开门爆竹，表示新一年的开始。

● 拜祖、拜谱、上谱、领寿饼、团拜

正月初一仍以祭祀为主，包括拜祖、拜谱、上谱、领寿饼和团拜。前两个活动都在祠堂这一神圣空间中举行。按照

祖制，拜祖、拜谱活动中，村中男丁应该按照辈分高低，在祠堂排列整齐，然后统一施礼。接着村民便鸣炮祭祖。之后，族中六十岁以上的老者可以领到寿饼。本族宗谱敬奉在祠堂之中，拜祖之后接着拜谱。拜谱之后给去年该村新生小孩上谱。团拜是按照宗谱中记录的长幼之序进行，即晚辈向长辈拜年，小房向大房拜年。整个宗族如此，每个支系也按此进行，不可僭越。

初一过后是拜年活动的展开。拜年活动是春节期间的主要活动，体现了区别内外、长幼秩序的原则。正月初二是给母系亲属中的最长者拜年的日子。一般此日女儿要回娘家拜年，外甥要给舅舅拜年。正月初三不能随便外出，更不能拜访他人。此日登门拜年对他人不利。

过年时有这样一种禁忌，即过年的那一天不能接待任何外来人，连出嫁的女儿也不可回娘家过年。在宗族社会之中，祭祀由宗族垄断并为宗族祈福消灾，谁祭祀神灵，神灵就将庇护谁，因此所有的祭祀活动都绝不可有外人介入。出嫁的女儿虽然在血缘上与父母紧密相连，但在各种祭祀仪式中已经分道扬镳，俨然是一个外人。村民们更不会于此日在别人家中逗留。正月初一到祠堂拜祖、拜谱之后，便是上谱，给家族内的长辈拜年，其他几乎无所事事。但是这一天宁可无所事事，绝不可走亲访友。似乎也因为此日是宗族内的重要仪式举行之日，不可有外人来往，乡间年底结算经济账时，腊月三十还可以索债要钱，但是不可拖到黄昏人们开始祭祀的时候。至于正月初一，那就更不可上门要债，纵使有天大的事情也不可擅自打扰。

初三过后，一系列的重要祭祀活动结束，大年初四至十五的主要活动是拜年。跟拜年掺杂着进行的，是敬祖、敬神、娱神、驱鬼、庙会以及宗族联谊等一系列活动。

● 娱乐活动：戏和灯

旧时，除了除旧迎新以及进行庄严肃穆的祭祀之外，春节还是民众娱乐狂欢的节日，各种丰富多彩的娱乐活动竞相展开。传统社会中，赣北乡村的娱乐活动主要有两种：一为戏，二为灯。春节时演出的戏曲形式，包括大戏、三角班、道情戏。三角班和道情戏都属于民间小戏。戏曲的演出从正月起可以一直延续到农忙下种前。大戏是指赣剧。赣剧是在整个江西范围内流传的一个大的剧种，有着完整的行当体系、服饰、声腔等。乡村里的业余演戏高手比比皆是。大戏的演出由村民自发组织，在宗族范围内非盈利，有着一套程序。

（1）大戏。正月里的大戏演出，由邀头组织。邀头相当于本村长老，他组织本村的唱戏子弟请师傅，并向宗族里的其他族院散帖子。散帖子时，本村的两个邀头打着写有本宗名号的灯笼，对方族院接下灯笼就表示收下了帖子，来年本村的戏班子便要来此演出。散帖子要严格遵循宗族里的长幼之序，否则会带来宗族内部的矛盾。接了帖子的族院，要在演戏期间，供子弟们的饭。供饭是全族院轮流。如果供得不好，会受到本村族长的责罚。可见，大戏的演出，不仅仅是一次娱乐活动，更是宗族内部的一种整合和竞争的体现。

（2）道情戏。正月间，常有人拿着蒙着皮的竹筒，挨家挨户去唱戏，这就是道情戏。道情戏是在道情说唱基础上发展起来的，演唱时，主唱者怀抱渔鼓、手持简板击节说唱，并有五六人以竹笛、四胡、板胡等乐器伴奏和伴唱。它用曲牌连缀，进行各种抒情和叙事表演。据说，道情起源于唐代道教在道观内所唱的“经韵”，文体为诗赞体，后来吸收词调、曲牌，演变为民间布道的演唱。据明人研究，道情的渔鼓简板始于宋朝，至南宋出现曲白相间的说故事的道情。道情中诗赞体的一支主要流布于南方，仍多为说唱道情；曲牌体的一支主要流布于北方，并在陕西、山西、甘肃、河南、山东等地发展为戏曲道情。江西道情就属于南方道情戏的一种，也称渔鼓戏或小曲渔鼓。江西道情有两种演唱形式：一种是演唱者左手持渔鼓，右手食指、中指、无名指拍击鼓面；另一种则不用渔鼓而以二胡伴奏，但均为一人坐唱。

（3）三角班。三角班因只有生、丑、旦三角而得名，也被称为半班，为半职业性的戏曲班子，其民间性质较为强烈。他们在乡间寿庆、婚嫁、迎神、庙会、修谱时流动演出，依靠演出维持生计。三角班的语言幽默风趣，丑角的插科打诨、土语宾白是重要的组成部分，往往也是最为精彩的地方。

（4）灯。在当地也是一种春节娱乐形式，是一种具有竞技性的表演，而非正月十五元宵节的灯。灯包括龙灯、走马灯、花灯、狮子灯、罗汉灯等。民间称这段时间里所有灯的活动为“扬灯”。扬灯也有散帖子、接帖子的程序。扬灯时，要燃放爆竹，还要给钱。因为它本身具有驱邪避灾的寓意。正月十五的扬龙灯不同于其他时候的表演。乡村的龙都是稻草做的，龙头和每一节龙身用草绳连接起来，每节草龙都插上几根点燃的香，形成“龙灯”。草龙大小不一，短的有二三十节，长的多达百余节，每节草龙下面都插有一根木棍，由一个身强力壮的青年举着。威风凛凛的龙头活像一个捉鬼驱邪的大神，最强壮的小伙子才能扬起。天黑之后，在乡村乐队的伴奏下，草龙从香火堂庄严地出发巡游。这条草龙走街串巷，挨家挨户地表演。每到一家门口，所有扬龙者齐喊：“龙来龙去，四季发财！”主人于是点响爆竹，给草龙施礼上香，敬奉香烟和钞票。年幼的孩子也会举着一节独立的草龙，三五成群地跟在队伍后面讨几根香火。直到给村子里每家每户都表演完，扬龙活动才宣告结束，落下任何一家都是大忌。扬龙结束之后，草龙被送到村口，堆在一起放火焚烧。扬龙的作用在于驱邪捉鬼，草龙之所以要走遍每家每户，就是为了把每家每户的鬼魅和邪气都抓起来，然后一把火烧掉。也许此处的扬龙和古代普遍盛行的傩舞有着深刻的渊源关系。

◇春节溯源

我们再回溯到历史长河，去看春节的悠长历史。

• 元旦

古代有“三元”之说，即岁之元、时之元和月之元。一年的开始从元日开始，即元旦。元旦与新年的名称一直流行，直至1911年辛亥革命将公历的1月1日设为元旦，而将传统的元旦改为春节。

元旦在古代极受重视。传统社会里，元旦还有诸多别称，如正旦、元正、元日、新年、初年、太岁日、岁日、朝元、岁旦、新正等，都强调此日为新年的发端，其中以元旦之名最为流行。元旦是新旧转换之时，节俗活动丰富多彩，且重在除旧迎新、驱邪避恶、祈求健康等。

元旦最重要的活动是祭祖祀神拜尊长和家众相互拜贺。东汉崔寔的《四民月令》记录了东汉元旦祭祖祀神的活动：祭祖之前，家长和主持祭祀的执事都要净化身心，心无杂念。元旦祭祀之时，进酒敬神之后，家庭成员依次列坐于祖先牌位之前。子、孙、曾孙们向家长进椒酒，祝其长寿。明清地方志里也记述了人们元旦祭祀的情形：元旦来临，人们起来放炮，整肃新衣，燃烛烧香，陈牲设醴，然后拜天地祖宗，接着卑幼向尊长磕头。祭祀之后，亲戚、朋友、宗亲以及官宦之间要互相拜贺。这种拜贺就是我们熟知的拜年，也称为贺新年、贺节、贺年、贺正、贺岁、贺元旦等。拜年可亲自去，也可投帖。近的就亲自登门，远的就以帖相投。清代顾禄《清嘉录》里有记载，“男女以次拜家长毕，主者率卑幼出谒邻族戚友，或止遣子弟代贺，谓之‘拜年’”，或者“有遣仆投红单刺至戚若友家者，多不亲往，答拜者亦如之，谓之‘飞帖’”。后一种飞帖拜年多盛行于官场，尤其盛于明清时期。元旦是下级向上级表示尊敬的机会，有人即使身处异地，也不辞辛劳，以表尊敬。朝贺则是向皇帝拜年。“夜漏未尽七刻，钟鸣受朝贺及贽，二千石以上上殿称万岁”，讲的是汉代的朝贺仪式过程。群臣还要向皇帝送礼，各级官员所送礼物各不相同。官员们以能够参加朝贺为荣，历代都有诗篇记述称颂。元旦期间，官员可放假三天。

元旦饮食丰富，且有着丰富的文化内涵。《荆楚岁时记》记述了元旦拜贺完毕的各种饮食：饮椒柏酒、桃汤、屠苏酒，吃胶牙饧，尝五辛盘，服敷于散，吃却鬼丸，还要各吃一个鸡蛋。祭祀拜贺结束之后，全家人要依从小到大的次序饮椒柏酒、桃汤、屠苏酒。

南朝庾信元旦朝贺受赐椒柏酒，心情愉悦，作《正旦蒙赉酒》：“正旦辟恶酒，新年长命杯。柏叶随铭至，椒花逐颂来。”椒是花椒，古人认为服它能令身体轻便，延年益寿。柏是柏树叶，古人认为它是可免百病的仙药，将两者浸入酒中制成椒柏酒饮用，可祛病长寿。民间一直流传饮椒柏酒的元旦习俗。

桃汤是取桃之叶、枝、茎三者煮沸而得。古人认为，桃能压服邪气，镇百鬼。

屠苏酒是一种预防瘟病的酒。唐代韩鄂的《岁华纪丽》里记载了屠苏酒的来历："俗说屠苏乃草庵之名。昔有人居草庵之中，每岁除夜遗闾里一药帖，令囊浸井中，至元日取水，置于酒樽，合家饮之，不病瘟疫。今人得其方而不知其人姓名，但曰屠苏而已。"屠苏酒由大黄、花椒、桔梗、桂心、防风、白术、虎杖、乌头等八味药组成，将它们切细，装进深红色的口袋里，除夕把它放在井中。元旦早上，拿出来连口袋一起浸在酒里。全家依从小到大的次序饮用，可保全年无病。

为何饮椒柏酒、屠苏酒要依照从小到大的年龄排序呢？有一种解释是：小孩又长大了一岁，先饮以示祝贺；老者又老了一岁，因此要排在最后。

吴晋间周处的《风土记》记述了元旦早晨吃五辛菜的习俗，"以助发五脏气"，以祈求健康。五辛菜是指五种有辛味的菜，《荆楚岁时记》隋注认为是大蒜、小蒜、韭菜、云台、胡荽。后世沿袭这种风俗。孙思邈在《食忌》中说："正月之节食五辛，以辟厉气。"李时珍在《本草纲目》说："元旦立春，以葱、蒜、韭、蓼蒿、芥辛嫩之菜杂和食之，取迎新之意，谓之五辛盘。杜甫诗所谓'春日春盘细生菜'是矣。"

却鬼丸是正月初一佩戴在手臂上的如弹丸一般的东西，用武都雄黄等和以蜡调和而成，男性佩戴于左臂，女性佩戴于右臂。也有人认为，却鬼丸是用来服食的。

《风土记》记载了元旦吃鸡蛋的习俗："正旦，当生吞鸡子一枚，谓之练形。"生吃鸡蛋是为了长生，修炼形体以成仙。后来梁武帝信奉佛教，而鸡蛋属于小荤，这一习俗也便逐渐被废弃了。

饺子和年糕是流传至今的重要年节食品。元旦吃饺子兴盛于明清时期的北方。宋代食品中出现"角子"一词，元代把饺子叫做"扁食"，如沈榜《宛署杂记》说，北京郊区的宛平县元旦拜年"作扁食，奉长上为寿"。明代《正字通》说："今俗饺饵，屑米面和饴为之，干湿大小不一，或谓之'粉角'。北人说角如矫，实即饺耳。唐人谓之'牢丸'。段成式《食品》有'汤中牢丸'，即今水饺子；其'笼上牢丸'，即今蒸汤饺也。食毕出门拜年，由近及远，元午直到烧灯后。"据此，唐牢丸近似饺子，而且有煮有蒸。明代的饺子除称为饺饵、粉角、水饺子、蒸烫面饺等，还被称为水点心。清代北京旗人还把饺子称为煮饽饽。

元旦吃年糕则主要盛行于明清时期的南方。年糕，寓"年年高升"之意。在南方，江浙的苏州、嘉定等地方志中称"节糕"，明代正德广东《琼台志》记载当地吃春糕："元旦前以糯粉溅蔗糖或灰汁笼蒸春糕，围径尺许，厚五六寸，杂诸果品岁祀，递割为年茶，以相馈答。”清代顾禄《清嘉录》卷十二记载更为详细，说将黍粉和糖为糕，叫做“年糕”，有黄色和白色之别。大的一尺见方为“方头糕”，还有像元宝的“糕元宝”，用于除夕供祖和亲戚朋友间的赠答。此外，还有细长的“条头糕”、宽大的“条半糕”。过节时富家雇人制糕，一般人则在糕店购买。

元旦期间禁忌颇多。如明代《帝京景物略》所载，人们讲求良好开端，因此起床之前要慎之又慎。元旦五更时不能卧床上打喷嚏（如果要打，则赶紧起床，如来不及穿衣而打，则一年多病）；也不能卧在床上说话；门外有呼唤不可答应。《清嘉录》里记载的大年初一禁忌更为全面。“俗忌扫地、乞火、汲水并针剪。又禁倾秽、瀽粪。讳啜粥及汤茶淘饭。天明未起，戒促唤。男子出门，必迎喜神方位而行。”

元旦门上的装饰最初也具有辟邪却鬼的功用，后世年画与剪纸都与此有关。古人“帖画鸡户上”，或门上画虎，百鬼畏之。传说桃都山大桃树上有一只金鸡，太阳照耀金鸡则鸣，天下众鸡都从而鸣；金鸡飞下，食诸恶鬼。又传说尧时祇支国献重明之鸟，样子像鸡一样，能搏逐猛兽虎狼，使妖灾群恶不能为害。

● 送穷

新年期间还有送穷风俗。相传穷鬼是颛顼之子，喜欢穿破衣服，喝稀粥，人们称他为穷子，正月的晦日死在巷子里。因此后世在这一天扔破衣服，煮稀粥，在巷中祭祀。唐代盛行晦日送穷，晦日是指每一个月的最后一天。正月晦日是新年的第一个晦日，受到古人的重视。在这一天，人们通常进行祓禊，以消灾解厄。晦日送穷就是这样一种活动。唐代姚合《晦日送穷》描述了这一习俗："年年到此日，沥酒拜街中。万户千门看，无人不送穷。"韩愈《送穷文》描述了人们晦日送穷祭祀的场景：要结柳作车，缚草为船，还要给穷鬼带上干粮将其送走。后世送穷习俗主要流行于明清时期的北方。送穷的方式很多，有的地方是用纸做一个妇人，背一个纸袋，在初五天未亮时将尘土垃圾装在纸袋里，送到门外，燃放鞭炮。有的地方则初五汲水满罐或饱食，也叫"填穷"。晋北地区则是用彩纸剪成纸人，小孩子拿去与人交换，将自己的纸人给别人就是"送走穷媳妇"，换到别人的纸人则是"得到有福人"。明代广东惠州、福建建宁等南方地区也有送穷活动。江浙一带主要是祭祀五通神和路头神。《清嘉录》中说："五日为路头神诞辰，金锣爆竹，牲醴毕陈，以争先为利市，必早起迎之，谓之接路头。"家家户户抢接路神，希望获得神灵保佑，在新的一年发财致富。

● 人日

正月初七是人日。人日的来历与女娲每日造一种生物的传说有关。传说女娲创世，第一日造了鸡，第二日造了狗，第三日造了猪，第四日造了羊，第五日造了牛，第六日造了马，第七日造了人。汉代已经有了人日的风俗，魏晋渐受重视。唐代人日盛行，节日活动丰富，又添了一层思亲念友的情绪，唐诗中有很多感怀人日的诗篇。人日戴人胜，贴人形金箔于屏风，吃人日菜、七样羹，还有登高习俗。时至今日，仍有过了人日才出门远行的风俗。这一天，人们不出门串亲访友，而是留在家中团聚。如果天气晴朗平顺，则一年都会风调雨顺。民间还将人日视作春耕的开始，人日一过，人心就要从闲散中安定下来，准备投入到劳作当中。

花市灯如昼：元宵风俗

正月十五元宵节是一年中第一个月圆之夜。正月十五、七月十五、十月十五又分别是春、秋、冬三季的第一个月圆之夜，又称“三元”，即上元、中元、下元。正月十五为上元，因此夜有张灯之俗，又被称为灯节。元宵节的形成有一个较长的过程。汉武帝正月上辛夜在甘泉宫祭祀“太一”，说明正月十五在西汉就已受到重视。汉魏之后正月十五逐渐发展为一个民俗节日。佛教文化的传入，对元宵习俗的形成有着重要的意义。东汉明帝提倡佛法，听说正月十五是参佛的吉日良辰，印度摩揭陀国每逢此日，僧众云集瞻仰佛舍利，因此下令正月十五夜在宫中和寺院“燃灯表佛”，以弘扬佛法。于是，正月十五之夜燃灯的习俗借助佛教文化逐渐扩展开来。另一种说法认为，元宵节起源于“火把节”，汉代民众于此夜在乡间田野持火把驱赶虫兽以祈丰年。

元宵节在中国传统节日中生动、热闹、欢愉，别具一格。元宵活动掀起了新年的另一个高潮，元宵过完，整个春节就落幕了。元宵张灯结彩，猜灯谜，赏花灯，吃元宵，历代相沿成习。

◇逛灯会

张灯结彩是元宵的一大盛景。宋代元宵十分热闹，灯市兴盛，灯的品种繁多，据文献记载，有莲花灯、桥灯、犬灯、鹿灯、万眼灯、琉璃球灯、栀子灯、葡萄灯、大方灯、月灯、小球灯、大滚球灯、马骑灯、长灯、狱灯等。此外还有猜灯谜的活动。《武林旧事·灯品》载：“又有以绢灯剪写诗词，时寓讥笑，及画人物，藏头隐语，及旧京诨语，戏弄行人。”

明代各地灯期不同。北方一般从正月十四至十六，共计三天，“正月十四日试灯，十五日正灯，十六日残灯”。南方时间则较长，尤以闽、浙、苏最盛。如浙江杭州府灯期为五天；嘉兴府是正月十二至十八，计七天；绍兴府是正月十三至二十，计八天；福建建宁是正月十二至十七，计六天；福州府是正月十三至二十，计八天；延平府尤溪县是正月初十至二十，计十一天；江苏太仓从正月初八九至二十止，计十二三天。由此可见，时人对这一节日所倾注的热情。

明代元宵张灯、观灯、猜灯谜之风更加普遍。闽、浙的灯极负盛名，万历浙江《会稽县志》载元宵“民则比户接竹棚悬灯，悉出土制，若购自他方者，球彩错之，好事者复箕敛，于市要区为烟楼、月殿、火戏、鳌山，集珍聚奇，箫鼓歌讴，彻旦不息。”嘉靖湖南《常德府志》载：“上元剪纸为灯，糊以竹格，饰以五彩，有绣球、走马、莲花诸类，虽无闽浙刻丝剪绢等项，亦颇精巧。”《常德府志》还记述了猜灯谜的活动：“好事者作灯谜，夜则相聚以猜，名曰打鼓灯。”

清代灯节内容与明代相比没有太大的差别，灯期北方基本上仍是以三天为主，南方时间较长，但较明代略短，一般为五六天，通常是“十三四日张灯，十五日正灯，十六七日落灯”。

◇走百病

元宵节还有“走百病”的风俗。此俗元代已经出现，明周用《走百病行》诗：“都城灯市由来盛，大家小家共节令。姨姨老老领小姑，撺掇梳妆走百病。”正月十六傍晚盛行“走百病”，又称散百病、游百病、遣百病、除百病等，人们或男女结伴，或女人相伴甚至病妇相携，登高走桥，摸钉求子，赴庙行香，以祛除疾病，祈求健康。

◇卜紫姑

正月十五还有卜紫姑的风俗。《荆楚岁时记》说：“迎紫姑，以卜将来蚕桑，并占众事。”传说紫姑曾是一户人家的妾，受到正妻的嫉恨和虐待。紫姑正月十五因激愤而死于厕中，后被封为厕神。人们在正月十五之夜，在厕所或猪栏边迎祀她，以占卜众事。迎祀时人们有如下祝告：“你丈夫不在家，曹夫人已回娘家了，紫姑你可出来。”紫姑神在唐诗中多有反映。熊孺登《正月十五夜》：“紫姑神下月苍苍。”李商隐《上元夜闻京有灯恨不得观》：“身闲不睹中兴盛，羞逐乡人赛紫姑。”

宋代紫姑神信仰与扶乩结合，成为扶乩所召之神。南宋《夷坚三志》壬卷三《沈承务紫姑》具体讲了召迎紫姑的方法：“以箕插笔，使两人扶之，或书字于沙中。”明清时期卜紫姑仍用于占卜吉凶、祸福、丰歉。明末《帝京景物略》卷二记载了卜紫姑的方法：“望前后夜，妇女束草人，纸粉面，首帕衫裙，号称姑娘。两童女掖之，祀以马粪，打鼓，歌马粪芗歌。三祝，神则跃跃，拜不已者，休；倒不起，乃咎也。男子冲而仆。”

◇吃元宵

元宵是元宵节的重要食品。关于元宵的由来，传说楚昭王复国归途中经过长江，见有物浮于江面，色白而微黄，内中有红如胭脂的瓤，味道甜美。众人不知此为何物，昭王便派人去问孔子。孔子说："此浮萍果也，得之者主复兴之兆。"因为这一天刚好是正月十五，以后每逢此日，昭王就命手下人用面仿制此果，并用山楂做成红色的馅，煮而食之。另一种传说称元宵本叫汤圆，汉武帝时，宫中有个宫女叫元宵，做汤圆十分拿手，从此以后，世人就以这个宫女的名字来命名。

有关元宵的文献记载是从宋代开始的。宋代文献中元宵被称为浮圆子、圆子、乳糖元子和糖元。明代出现了汤圆、元宵的名称。明代刘若愚《酌中志·饮食好尚纪略》记载北京上元节吃元宵，"其制法，用糯米细面，内用核桃仁、白糖为果馅，洒水滚成，如核桃大，即江南所称汤圆也"。汤圆此名至今盛行南方，而元宵之称不仅流行北方，还广及南方。早在明正德《琼台志》中就记载："元夕于二、三日间以糯粉搓丸，小者煮浸糖水，大者裹以蔗糖，名元宵丸。"元宵丸，是以上元夜之名元宵而称食品的，食品的形状仿月为圆形，寓意家人团圆。元宵除自己食用外，也是祭祀神灵、供奉祖先的节令食品，人们还往往互相馈赠。

祭扫踏青正清明：清明风俗

清明兼节日与节气于一身，在中国传统节日中仅此一例。

清明时节，天明气清，春意盎然，生机勃勃，“清明”由此得名。唐宋之前，清明作为二十四节气之一，是一个重要的时令标志，时间在冬至后 107 天，春分后 15 天。唐宋之后，寒食节被纳入清明之下，清明由此成为重要的民俗节日。清明是人们追悼亡者、感恩先人的日子，也是踏青簪柳、感怀自然的时节，温情脉脉而又生趣盎然。

◇寒食流变

作为节日的寒食与清明相距很近，其日期是冬至后 105 天及其以后第二天。最初寒食与清明是两个节日。

相传寒食节是为了纪念被烧死的介子推。介子推是春秋时晋国人，跟随晋公子重耳流亡，立下功劳。重耳登上王位成为晋文公，介子推却带着母亲隐居山西境内的绵山。晋文公请他出山而不得，便放火烧山逼他出来。最后介子推与母亲抱木而死。为表示纪念，晋文公下令介子推死的那一天断火吃冷饭，并把绵山改为介山。由此，便有了寒食节。汉代蔡邕《琴操》、三国时曹操《明罚令》、晋朝人陆翙《邺中记》都说寒食断火起于介子推。

寒食节先盛行于山西地区，后逐渐扩展到其他地方，进而变成全国普遍性的风俗。介子推的传说是对寒食节来源的一种解释。禁火是寒食节最为重要的习俗。后汉初桓谭《新论》说：“太原之民，以隆冬不火食五日，虽有疾病缓急，犹不敢犯。”说的是，太原的民众即使有病在身，也遵循禁火的习俗，五日不开火，吃冷食。这里的“不火食五日”在后汉逐渐延长，《周举传》里载为一个月。据曹操《明罚令》记载，太原一郡的这个风俗，汉末扩大到上党郡、西河郡、雁门郡等山西一带。到了东晋则出了山西之外。值得注意的是，寒食节本是一个冬季的节日，《明罚令》里的寒食时期变成了冬至后105天的二三日之交，则相当于二十四节气的清明，移动到了春季。到了晋代，寒食已经被认为是一个春季的节日。晋朝孙楚的《祭介子推文》里说：“太原，咸奉介君之灵，至三月清明断火寒食。”

寒食节从冬季向春季的移动，逐渐与清明靠近，后来便渐渐与清明融合在一起，成为一个重要的民俗节日。南朝梁时，在荆楚地区已能看到寒食的流行。到了隋代，久绝的改火仪式复活，使寒食更盛。在唐代寒食遂成为宫中的活动，成为国家的节日。宋代寒食亦甚，但是到了元代之后渐渐衰落，明代虽存寒食之语，禁火习俗几乎绝迹。

◇清明由来

汉代二十四节气已经完备，清明位于冬至后105日，是春季的第五个节气。东汉崔寔《四民月令》记述了清明时节的农事活动：“清明节，命蚕妾治蚕室，涂隙穴，具槌、持箔、笼。”唐末五代韩鄂《四时纂要》也记载：“清明之日，修蚕具蚕室，宜蚕。”可见清明是重要的农桑时节，是治蚕室的吉时。直到明清时期，清明仍进行着“暖蚕种”、“祀蚕姑”的习俗活动。人们在清明之日浸谷种，设祭以祈求丰年。如嘉靖安徽《石埭县志》记载该县有“妇女制米茧祀蚕姑以祈蚕”之俗。

清明由节气变为节日，是改火观念的结果，而非因为农时。汉末寒食从冬季移到春天并与二十四节气的清明靠近。南北朝末将寒食后两天的107日作为清明，隋唐宋时一直沿袭。由于寒食与清明节气的相连，寒食节俗与清明就发生了联系。寒食禁火之后，要出火，奉新火，即改火。隋初王劭建议将107日即清明日，定为钻火再点火的日子，复活了古代的改火仪式。改火仪式的复活使得清明在岁时节日中占有独立的位置。

唐代清明由朝廷赐新火。谢观《清明日恩赐百官新火赋》说：“国有禁火，应当清明，万室而寒火寂灭……桐花始发，赐新火于公卿……于时宰执俱瞻，高卑毕赐。”钻火在宫中进行。《辇下岁时记》记述了详细的情形：“至清明，尚食（内膳习）内园官小儿（供奉禁苑者）于殿前钻火，先得火者进上，赐绢三匹、金碗一口。”宋朝宫中也有钻火仪式。南宋《梦粱录》卷二记载：“寒食第三日，即清明节，每岁禁中命小内侍于阁门用榆木钻火，先进者赐金碗、绢三匹。宣赐臣僚巨烛，正所谓‘钻燧改火’者，即此时也。”

宋朝钻火之仪完全承袭唐代。元以后就见不到钻火之仪了。

◇清明墓祭

清明时节，人们纷纷上坟祭扫，悼念亡人，追思先祖。祭祖扫墓是清明节俗的核心。一般百姓，提着篮子，带着香烛，燃放鞭炮，坟前叩拜；古代宫廷帝王则声势浩荡、排场热闹。

墓祭祖先起于春秋战国之际。当时礼制规定庶子因没有爵位而不能到宗庙祭祀，便临时采用“望墓为坛而时祭”的补救办法。《孟子》中有个“齐人有一妻一妾”的故事，讲齐人到国都临淄东郭外乞讨于墓地之间，可见此时在坟墓间以酒肉致祭已成习俗。

唐朝人将寒食与清明并称，并将墓祭的风俗从寒食扩展到了清明。寒食上墓在唐代蔚然成风，士庶之家无不寒食上墓祭扫，玄宗开元二十年（732 年）下诏“士庶之家，宜许上墓，编入五礼，永为常式”，寒食墓祭得到国家的承认。后来唐代朝廷又不断完善了寒食墓祭制度，官员们寒食祭扫可以获得相应的假期。

唐诗给我们留下了许多寒食墓祭的生动场景。中唐王建有《寒食行》一诗：

寒食家家出古城，老人看屋少年行。

丘垅年年无旧道，车徒散行入衰草。

牧儿驱牛下冢头，畏有家人来洒扫。
远人无坟水头祭，还引妇姑望乡拜。
三日无火烧纸钱，纸钱那得到黄泉！
但看垅土无新土，此中白骨应无主。

由此诗可以看出，上坟祭扫一要烧纸钱，二要培新土。因寒食禁火，纸钱不能火化，只能压在坟头或挂在树上，插在墓上。远行在外的人则在水边望乡而拜，也称望祭。除寒食上墓外，唐诗中还反映了此时也有清明上墓的习俗。白居易《清明日登老君阁望洛城赠韩道士》有“冢墓累累人扰扰”的诗句，杜牧“清明时节雨纷纷，路上行人欲断魂”更是千古名句。唐代李绰《辇下岁时记》记载了长安清明时“都人并在延兴门，看内人出城洒扫，车马喧闹”，洒扫即上坟祭扫。由上述可见，唐代墓祭已是寒食到清明之间的习俗了。

宋元时期寒食、清明墓祭之俗沿袭。从《东京梦华录》的记载可知，宋时的人们从寒食到清明的三天，皆出城上坟，尤以寒食之日最盛。元末费著《岁华纪丽谱》也记载了寒食时节成都官府祭祀孤魂以及民间上冢的风俗。

明代寒食节逐渐消亡，墓祭的风俗并入清明，两节相混，融为一体。扫墓成为清明的主要风俗。如嘉靖河南《真阳县志》载：“寒食，清明：墓祭、插柳、看花。”万历浙江《黄岩县志》也载：“清明，户插柳采蒿为寒食，扫墓而祭。”嘉靖安徽《池州府志》："清明扫墓：季春朔日，士女诣墓所墓扫，祭毕加土于家，挂楮标其上，馂余而返。"到了清代，扫墓已成为清明最主要的内容。

◇游春踏青

游春踏青是清明节的另一番气象。清明时节，杨柳青青，春意盎然。寒食与清明，一个是禁火冷食祭墓，一个是取新火踏青出游；前者悼亡纪念，后者意在求新。二者一息一生，转换配合，悼亡是为了新生。清明时节的游春踏青，其内在的文化蕴涵是为了顺应时气。春天阳气生长，阴气衰微，万物萌生，户外活动有助于时气的流行，阳气的发散。清明时节的户外活动有斗蛋、踏青、蹴鞠、秋千、拔河、放风筝等。

唐代盛行寒食清明作秋千之戏，由宫中到民间，风靡一时。根据《开元天宝遗事》记载：宫中每到寒食清明便树起秋千架，妃嫔宫女坐于其上荡悠，衣裙飘扬，恍若仙女下凡，玄宗大悦并称之为"半仙之戏"。此戏传到民间，纷纷效仿。诸多唐诗描绘了清明寒食打秋千的盛景。如韦庄《丙辰幸鄜州遇寒食城外醉吟》："满街杨柳绿丝烟，画出清明三月天。好是隔帘花树动，女郎撩乱送秋千。"

宋元打秋千也很流行，诗词中记载的秋千之戏，可窥其一斑。王安石《清明》诗云："东城酒散夕阳迟，南陌秋千寂寞垂。"元代北京的秋千之戏相当普遍。元代的《析津志》

有记载说二三月间的北京，上自内苑，中至宰执，下至士庶，俱立秋千架，日以嬉游为乐。明清时期荡秋千主要盛行于北方，且以女子嬉戏为主。

各类球戏是唐代寒食清明的重要习俗，包括蹴鞠、击鞠、接抛彩球之戏等。蹴鞠即踢球，蹴鞠外为皮制，内衬充气的动物尿泡。唐人盛行蹴鞠之戏，有唐代诗赋为证。唐人仲无颇《气球赋》："寒食景妍，交争竞逐，驰突喧阗，或略地以丸走，乍临空以月圆。"唐代还盛行打马球，称为击鞠或打毬，男子骑马打球，女子则骑驴打球。唐代妇女寒食节还有一种徒步持杖打球的游戏，区别于骑马打球。王建《宫词》说："殿前铺设两边楼，寒食宫人步打球。一半走来争跪拜，上棚先谢得头筹。"除此之外，唐代妇女们寒食清明之时还流行抛接彩球的游戏。温庭筠《寒食节日寄楚望》说"彩索拂庭柯，轻球落邻圃"，韦应物《寒食》则记载"清明寒食好，春园百卉开。彩绳拂花去，轻球度阁来"，都是描写轻球之戏的诗句。宋代则保留了唐代寒食清明的打球之戏的风俗。《东京梦华录》有"触处则蹴鞠疏狂"的记载，反映了当时京师的球戏之盛。

寒食清明的踏青春游也在唐代开始转盛。元稹在《寒食日》咏道："今年寒食好风流，此日一家同出游。碧水青山无限思，莫将心道是通州。"唐诗中留下了诸多记载清明春游踏青的诗篇。宋代这一习俗更盛，通常与上墓一道进行，墓祭完毕即踏青春游，或者还有只为此日春游的。到了明清时期，踏青、春游则已成为清明节的主要内容。如万历《扬州府志》记载："清明前后三五日，郡人士女靓容冶服游集胜地，陆行踏青，舟行游湖。"弘治《温州府志》也记载："人家皆以此日祭扫祖考坟墓，多邀亲戚朋友乘船，击鼓铿金似以游湖为乐者，思亲人子容或不然。"

◇插柳簪柳

清明新火取自榆柳之火，唐代以此火颁赐近臣戚里。此后，五代后周时"江淮间，寒食之日家家折柳插门"。在中国传统的观念中，柳树非寻常树木，除了带来新火，它还具有驱凶辟邪、护佑生灵的特殊功用，古代有以桃弓柳箭辟邪的习俗。人们以柳插门上，与柳的上述文化内涵有着密切联系。这一风俗到了宋代愈发盛行。宋代《岁时杂记》记载："今之人，寒食节家家折柳插门上。唯江淮间尤盛，无一家不插者，北人之稍辨者，又加以子推。"《东京梦华录》记载："寒食前一日谓之'炊熟'，用面造枣锢、飞燕，柳条串之，插于门楣，谓之'子推燕'。"《武林旧事》卷三则记载了南宋时寒食清明插柳在南方的进一步传播，"清明前三日，为寒食节，都城人家皆插柳满檐"。

明清时期插柳于门相沿成习，这一时期，人们不仅插柳于门，而且簪柳于首。谚语有云："清明不戴柳，红颜成皓首。”簪柳有保持青春的民俗意义。另一说法为“清明不戴柳，来生变黄狗”，簪柳是为了防止变狗。不同地区簪柳风俗又有所不同，或男女皆戴，或妇女戴，或儿童戴，柳毛、柳尖、嫩柳、柳叶等都可簪于头上。

避恶竞渡悼屈原：端午风俗

端午节在每年的农历五月初五，又称端五节、端阳节、重午节、天中节、龙舟节、五月节等。中国古代以地支纪月，五月为午月。端午由夏至演变而来，是夏季的大节日。从现有的文献看，“端午”二字最早见于晋代周处的《阳羡风土记》，“仲夏端午，烹鹜角黍”。端午正逢仲夏之时，此时酷暑湿热，蚊虫孳生，瘟疫疾病容易流行。因此端午节的节俗是围绕着避瘟祛疾、卫生保健而展开的，包括吃粽子、赛龙舟、挂艾蒿菖蒲、佩香囊、采药草、饮药酒、斗百草等。

五月五日被古人视为毒气流行的恶日。端午依傍着夏至而产生，《礼记·月令》认为夏至“阴阳争、死生分”，此时是阴阳变动的关键日，人们需小心谨慎避忌才能顺利过关。《礼记·月令》进而提出君子要“安斋戒，掩身，节嗜欲声色，慎刑”。齐国孟尝君生于五月五日，其父认为生于恶日的孩子将来会妨害父母，因此要遗弃他。王充《论衡·四讳》也记载了汉代的这一习俗：“讳举正月、五月子。以正月、五月子杀父与母，不得举也。已举之，父母祸死。”应劭《风俗通义》记载了更多五月五日不宜的事项：“俗云五月到官，至晚不迁”；“五日盖房，令人头秃”；“俗说五月五日生子，男害父，女害母”等。成书于南北朝的《荆楚岁时记》记述当时的习俗：“五月俗称恶月，多禁。忌曝床荐席，及忌盖屋。”五月是需要诸多避忌的不详之月。据崇祯时《嘉兴县志》记载，明代仍然有此观念和习俗，当地民俗是“家悬神符，禁问疾吊丧诸不祥事，僧道诵经，五日作消灾令”。

◇采药避恶

人们认为药可克毒，因此端午有采药、曝药、焚古药以避恶祛毒之俗。《荆楚岁时记》记载了五月五日采杂药的习俗，时人认为五月初五采药最灵验，药越多，功效越大。唐代韩鄂《四时纂要》记载了端午之日采药的方法：于端午日出之前，采百种草药的上截嫩头，越多越好，放在一起捣烂直至绞出浓汁；再用三五升石灰与草汁一起搅拌，再捣熟，放在印模里制成药饼，晒干，可治一切刀枪伤处和伤疡，止血，还可以治小儿恶疾。因古人相信此日药有奇效，因此多于此日收药，并强调要在午时。如南宋《梦粱录》中记述南宋端午“采百药或修制药品，以为避瘟疾等用，藏之果有灵验”，此外，“五月五日晴，人曝药，岁无灾，雨则鬼曝药，人多病，此闽中谚语”，又有“端午午时，聚先所蓄时药，悉当庭焚之，辟疫气，或止烧术”，总之都是以药来避疫祛毒。端午采药之俗一直沿袭到后世。

此外，沐浴也是避恶的方法。《岁时广记》引《琐碎录》：“五月五日午时，取井花水沐浴，一年疫气不侵。俗采艾柳桃蒲揉水以浴。”明代万历《建阳县志》记载：“午时为天中节，采百药煎汤浴体，以免疱癣。”嘉靖《仙游县志》说：“至午时采百草为汤，浴体以去百病。”清同治四川《高县志》讲：“沿山采药煎水净身，云免疮疥。”沐浴与采百药有着相同的意义。

另外，端午之日，人们还以菖蒲、雄黄酒避毒。李时珍《本草纲目》载：“菖蒲酒，治三十六风，一十二痹，通血脉，治骨痿，久服耳目聪明”，而“雄黄味辛温有毒，具有解虫蛇毒、燥湿、杀虫祛痰功效”。端午之日人们以菖蒲渍酒而饮，雄黄则是研成细末加于酒中。明清时期饮雄黄、菖蒲酒较为盛行。饮酒完毕，还要将酒洒向四壁、角落，以避虫蛇。有的还在小孩的面颊耳鼻涂酒，以避毒。

◇佩物避恶

端午之日，人们还要佩戴各种饰物，并在家门口加以装饰，这些习俗都蕴含着避恶的民俗诉求。

《后汉书·礼仪志》记载了五月五日为门户饰的习俗：“五月五日，朱索五色印为门户饰，以难（傩）止恶气。”红色绳索和印有五色的桃木板都是避邪吓鬼之物。到了南朝则是“采艾为人，悬门户上，以禳毒气”，门上饰以束为人形的艾草是为了禳除毒气。艾可治病，其方法是用艾叶制成艾绒，灼烧以灸病。《东京梦华录》记载北宋开封自五月一日及端午前一日，城内外争买桃柳、葵花、蒲叶、佛道艾，次日家家铺陈于门首，钉艾人于门上。明代则“门户皆插桃艾”，万历《建阳县志》记载“五日缚艾人悬蒲桃、柳枝于门”。清代则一般是以蒲艾插户，使用最多的是艾，有艾叶、艾旗、艾虎等名色。甘肃很多地方则插柳，湖南长沙还门悬葛藤。宋代还兴起挂天师的习俗，即装饰形象如张天师的物品于门上。《梦粱录·五月》说杭州人“以艾与百草缚成天师，悬于门额上”。

端午节人们还要佩戴各种饰物，如五色丝。汉代非常流行以五色丝系臂。应劭《风俗通义》记述了当时习俗：“夏至著五彩避兵，题曰‘游光’，厉鬼知其名者无温疾。五彩，避五兵也，按人取新断织系户，亦此类也。谨按织取始断二三寸帛，缀著衣衿，以已织维告成于诸姑也。后世弥久，易以五彩。又永建中，京师大疫，云厉鬼字野重游光。亦但流言，无指见之者。其后岁岁有病，人情愁怖，复增题之，冀以脱祸。今家家织新缣，皆取织后缣绢二寸许系户上，此其验也。”由此可见，由于东汉永建年间大疫，人们为避瘟疫之鬼，用五彩布条禳之。五月五日用来系臂的五彩丝有诸多名称，或叫长命缕，或叫续命缕，又名避兵缯、朱索等，都强调臂戴五色丝以避兵及鬼，以保护和延长生命。这一习俗后世一直流传。

此外还有佩艾虎的习俗。艾虎既是一种头饰，也是一种服饰，即用艾做成虎的形象，或者剪彩为虎，戴在头上或穿在身上以避毒。欧阳修端午词中反映了衣艾虎的习俗："衫裁艾虎，钗裹朱符，臂缠红缕。"《燕京岁时记》记载："每至端阳，闺阁中之巧者，用绫罗制成小虎及粽子、壶卢、樱桃、桑葚之类，以彩线穿之，悬于钗头，或系于小儿之背。"

在端午节的装饰中，五毒图颇具特色。五毒所指不尽相同，有些人认为五毒指蜈蚣、蚰蜒、蛇、蝎、草虫等毒虫。《武林旧事》载："蜈蚣、蛇、蝎、蜥蜴等，谓之'毒虫'。"也有认为五毒是指五种毒物。不管如何，都是取五毒具有去毒避恶祛疫功效之意。端午之时，妇女们将五毒装饰于头上。《岁时广记·插艾花》记载："端五，京都士女簪戴，皆剪缯楮之类为艾，或以真艾，其上装以蜈蚣、蚰蜒、蛇、蝎、草虫之类，及天师形像，并造石榴、萱草、踯躅假花，或以香药为花。"《宛署杂记》记载了北京周边的这一风俗："妇女画蜈蚣、蛇、蝎虎、蟾为五毒符，插钗头。"《燕京岁时记》则记述人们为避祟恶在中门粘贴绘有五毒符咒图形的端午节俗。《清嘉录》记载的苏州的情形是："尼庵剪五色彩线，状蟾蜍、蜥蜴、蜘蛛、蛇蚿之形，分贻檀越，贴门楣、寝次，能厌毒虫，谓之五毒符。”

◇江上竞渡

竞渡赛龙舟是富有特色的端午节俗。《荆楚岁时记》记载端午有划船的比赛。隋代杜公瞻认为这个风俗是为了纪念此日投汨罗江而死的屈原。关于竞渡起源还有其他说法。邯郸淳《曹娥碑》认为，竞渡是曹娥的父亲于五月五日迎接波神伍子胥，沿江而上被淹死而产生的。《越地传》则认为这个风俗起源于勾践。事实上，龙舟竞渡早于屈原的传说，将二者联系起来是晚近的事情。端午竞渡最初也是出于辟邪的目的。辟邪、祛瘴疠是竞渡的原始意义，纪念屈原是后世附加的。

唐以后端午竞渡之风很盛，唐代诗人李群玉曾这样描绘竞渡："雷奔电逝三千儿，彩舟画楫射初晖。喧江雷鼓鳞甲动，三十六龙衔浪飞。"宋元时期，江淮、江西、福建、两广诸路流行赛龙舟活动。明代南方地方志对端午竞渡多有记载。每逢端午竞渡，人们聚观如堵，并持酒肉慰劳胜者，叫做"赏标"。各乡各村，互相争胜，时常引起斗殴溺水。崇祯福建《海澄县志》说："所在竞渡非惟屈原，亦以辟邪"，此处说明竞渡有着辟邪的目的。崇祯福建《尤溪县志》也记载当地斗龙舟是"以祛瘴厉"。

◇节令食品

粽子是端午节的节俗食品。粽子在晋代周处《阳羡风土记》中被称为角黍，其记述如下："先节一日，又以菰叶裹粘米、以粟枣灰汁煮，令熟，节日啖。煮肥龟，令极熟，去骨加盐豉麻蓼，名曰俎龟粘米，一名粽，一曰角黍。盖取阴阳包裹未（分）之象也。龟，甲表肉里、阳外阴内之形，所以赞时也。"粽子用菰叶包米而成，外形有角，故名角黍，蕴含着顺应阴阳转换的时气的文化意义。

后世广为流传端午食粽子是为了屈原的说法，南朝梁时吴均在《续齐谐记》记载了这一说法，楚人屈原因遭谗言不被重用，于五月五日投汨罗江而死。楚人同情他，便于此日以竹筒贮米投水以祭之。汉建武年间，长沙人区回忽然遇见一个士人，此人自称三闾大夫屈原，对区回说："你祭我很好，但是常年所赠之食，总是被蛟龙吃掉，你可以用楝树叶塞筒，缠上彩丝，再给我。这两种东西是蛟龙害怕的。"吴均在文中指出，世人五月五日作粽，并带五色丝及楝叶，是汨罗江一带的遗风。楝叶、五色丝都具有辟邪作用，今天湖南沅湘流域的粽子仍然是一种筒粽。

赏月拜月团圆夜：中秋风俗

"海上生明月，天涯共此时。""一年月色最明夜，千里人心共赏时。"天上月儿圆，地下人团圆，农历八月十五的中秋节，正值秋高气爽的月圆之夜，明月高悬，月色皎洁，牵动着人间的情怀，承载了无限的牵挂与思念。中秋节形成于唐宋时期，是一个欢愉世俗的节日。宋代中秋节放假一日。明清之后，中秋节的地位上升，与年节、端午并重。中秋节因在八月，又叫“八月节”；因与月亮相关，又叫“月亮节”；因家人团聚、女儿归省，又叫“团圆节”、“女儿节”；因瓜果成熟，又叫“果子节”。人们在中秋之夜祭祀、团聚、赏月，共庆丰收团圆。

◇祭月拜月

唐宋中秋节的习俗主要为赏月玩月，唐诗生动描绘了唐人（尤其是唐代文人）中秋赏月玩月的情景。宋代中秋节开始深入民间。开封“中秋夜，贵家结饰台榭，民间争占酒楼玩月”（《东京梦华录》）。南宋杭州中秋赏月更盛，王孙公子、富家巨室临轩玩月，“至如铺席之家，亦登小小月台，安排家宴，团圆子女”（《梦粱录》）。

南宋时有了拜月风俗的记载。南宋《新编醉翁谈录》载：“京师赏月之会，异于他郡。倾城人家，不以贫富，能行者至十二三，皆以成人之服饰之，登楼或于庭中焚香拜月，各有所期。男则愿早步蟾宫，高攀仙桂……女则愿貌似嫦娥，圆如洁月。”明清时期赏月玩月风俗延续，而拜月风俗则更为兴盛。中秋之时，要在庭中陈瓜果、月饼供月，进行祭拜，然后赏月。《帝京景物略》里记载，人们于八月十五祭月，在纸肆购买月光纸，家设月光位，“于月所出方，向月供而拜，则焚月光纸，撤所供，散家之人必遍”。

起初，拜月不分男女老少，人们拜月各有所求，如男子求“蟾宫折桂”，女子则求“貌似嫦娥”。明清时期，风俗发生了变化，男子逐渐不拜月，民间有谚语“男不拜月，女不祭灶”，拜月成了妇女儿童的专属。《清嘉录》描绘苏州中秋之夜：“妇女盛妆出游，互相往还，或随喜尼庵，鸡声喔喔，犹婆娑月下，谓之走月亮。”

对月亮的祭祀与崇拜还促发了人们以月亮占卜的习俗。古有中秋之月“占荞麦”之俗，“中秋无月则兔不孕，蚌不胎，荞麦不实，盖缘兔蚌望月而孕胎，荞麦得月而实”（《岁时广记》引《琐碎录》）。珠之贵贱也可由月亮占卜得知，“珠之贵贱，视中秋月之明暗，明则珠多，暗则珠少”（《岁时杂记》）。

明清时期中秋占卜之风更盛，人们以月亮占卜来年上元节晴雨。中秋夜忌雨，如果下雨或云掩中秋月，来年上元则雨洒上元灯。还有以月亮占卜鱼的产量的。妇女们以筐、箕请月神卜休咎，又叫“祀月姑”或“请月姑”。如嘉靖江西《南安府志》记载：“妇女仍设酒果悬箕以卜休咎，谓之祀月姑。”又崇祯福建《龙溪县志》记载：“人家儿女于月下设果饼、环服之类，群望月而拜，致词，谓之请月姑。置筐于盘，俟月神降筐，自举为剥琢声，祝其声数卜休咎，然不甚验。”

◇团圆月饼

月饼是中秋节的标志食品。唐代已有对月饼的记载，有学者认为："吃月饼的风俗据记载唐代已有之。《洛中见闻》中说，唐僖宗在中秋节吃月饼，味极美。他听说新科进士在曲江开宴，便命御膳房用绫包裹月饼赏赐给他们，这是月饼初见记载。"①

宋人将月亮比为"金饼"，与月相关的食品则有"玩月羹"、"月饼"等。《武林旧事》卷六"蒸作从食"中有"月饼"一项，《岁时广记》引郑望之《膳夫录》"汴中节食，中秋玩月羹"。

元末以来流行的有关的月饼传说是这样的：传说张士诚起义时，向亲友赠送中秋月饼，在月饼里夹着"八月十五杀鞑子"的密语，相约中秋起事。由此，中秋馈赠月饼及吃月饼成为风俗。

明代方志中普遍记载吃月饼，在这些记载中，月饼又别名"面饼"、"团圆饼"、"团饼"、"圆饼"等。如崇祯《嘉兴县志》记载："十五是为中秋，作饼肖月形，曰月饼，有相馈遗者，取团圆之义。"清代则继承吃月饼及以之相互馈送的习俗。

---

① 韩养民、郭兴文：《中国古代节日风俗》，西安：陕西人民出版社，1987年第1版，第252页。

◇摸瓜送子

祈求子嗣是中秋节的另一民俗活动。一方面，在传统的阴阳观念中，月属阴性，主生育；另一方面，中秋正值收获的季节，让人联想到子嗣的繁衍。《东京梦华录》记载，八月秋社人们有以多子葫芦和枣企盼子嗣的习俗，“人家妇女皆归外家，晚归，即外公、姨舅，皆以新葫芦儿、枣儿为遗，俗云宜良外甥”。

清代有摸瓜送子之俗。妇女们在中秋之夜，联袂出游，遇到菜园则偷取南瓜，作为生子的吉兆，并把这一活动叫做“摸秋”。而对于中年求子者，亲友们则在中秋之夜，爆竹鼓乐披红，置瓜于盘，送入求子之家，称为“送子”或“送瓜”，寓“瓜瓞绵绵”之意。在某些地方的习俗中，送瓜人的选择颇有讲究，如湖南永州送瓜，需要一个父母双全、兄弟众盛的稚子，表达了人们祈求子嗣、延续香火的强烈愿望。

肴酒登高赏秋菊：重阳风俗

“独在异乡为异客，每逢佳节倍思亲。遥知兄弟登高处，遍插茱萸少一人。”重阳是一个秋天的节日，每逢重阳，人们会登高、佩茱萸、赏菊、饮菊花酒和吃重阳糕。

重阳大概起于汉代，晋时已经盛行，南北朝文献中多有记载，后世一直传承至今。《西京杂记》卷三载：“三月上巳，九月重阳，士女游戏，就此祓禊登高”。又戚夫人侍儿言宫中乐事说，汉宫廷“九月九日，佩茱萸，食蓬饵，饮菊花酒，令人长寿。菊花舒时，并采茎叶，杂黍米釀之，至来年九月九日始熟，就饮焉，故谓之菊花酒”。南朝梁吴均《续齐谐记》则记载了一个重阳节的传说：汝南桓景随费长房游学，一日长房对桓景说：“九月九日，你家当有灾厄，宜赶快离开，令家人各作绛囊，盛茱萸系在臂上，登高饮菊酒，祸乃可消。”桓景依其言，归来之时，鸡犬牛羊都暴死，家畜代替了人的灾厄了。汉末魏初曹丕《与钟繇书》中则说：“岁往月来，忽复九月九日，九为阳数，而日月并应。俗嘉其名，以为宜于长久，故以享宴高会。”又说：“至于芳菊纷然独荣……辅体延年，莫斯之贵，谨奉一束，以助彭祖之术。”周处《阳羡风土记》记载：“九月九日律中无射而数九。俗于此日以茱萸气烈成熟，当此日折茱萸房以插头，言辟恶气而御初寒。”南朝梁庾肩吾《九日宴乐游苑应令》也有“献寿重阳节”之句，可知俗重重阳，赏菊、饮酒、宴会、登高、佩茱萸、荐寿乃重阳习俗。

重阳节的盛行，与人们对自然时序的特殊感受有关。重阳是夏冬转换的界限。九月九日日月并应，两阳相重，此日故名重阳。在阴阳观念中，九是阳数的极限，九九重阳意味着阳气的极盛，而盛极必衰。阳气的衰减带来了自然物候的转变。过了暮秋的重阳，寒风渐起，草木枯黄，天气明显转寒，进入霜降节气。俗谚云："吃了重阳糕，夏衣就打包。"在古人的观念中，阴阳变化、季节转换之时往往是危机产生之时，因此要在此日举行各种辟邪求吉的活动。

◇登高野宴

唐初孙思邈《千金要方·月令》说："重阳之日，必以肴酒登高眺远。为时宴之游赏，以畅秋志。"南朝宋孙诜《临海记》说："郡北四十步有湖山，山甚平正，可容数百坐，民俗极重，每九日菊酒之辰，宴会于此山者，常至三四百人。"登高野宴是重阳节的核心节俗。登高最初是一种祭祀活动，具有避灾远祸的巫术意味。后来登高野宴脱去了巫术祭祀的意味，作为一种核心的民俗活动被固定下来，逐渐演变成告别郊野的欢愉活动。

◇茱萸避恶

重阳另一习俗是佩戴茱萸。茱萸气味浓烈，色红，可以入药，具有祛病、除患、益寿的功用。根据晋代周处《阳羡风土记》的记载，三国时期已有用气味浓烈的茱萸插头避除恶气的习俗。汉代的《淮南万毕术》说："井上宜种茱萸，茱萸叶落井中，饮此水者，无瘟病。"《杂五行书》则认为："舍东种白杨、茱萸三根，增年益寿，除患害也。"《淮南万毕术》又说："悬茱萸子于屋内，鬼畏不入也。"重阳佩戴茱萸之俗，正是取“茱萸可避恶却鬼益寿”之意。《西京杂记》记载宫中于九月九日佩茱萸，《续齐谐记》里记载人们“作绛囊，盛茱萸以系臂”。

自唐代开始，又演变出以茱萸泛酒而饮的风俗，一是将茱萸研成粉末放入酒中，二是用酒服茱萸子。避不祥、避山岚、避毒、避邪气是人们饮茱萸酒的目的。《梦粱录》卷五载，茱萸名“辟邪翁”，菊花为“延寿客”，世人以菊花、茱萸浮于酒饮之，以消阳九之厄。

◇饮菊花酒

“菊花开时即重阳”，菊花是九月的标志，也是重阳的象征，因此重阳节又叫做“菊花节”，有王维“无穷菊花节”的诗句为证。赏菊、簪菊、饮菊花酒是重阳的重要节俗，真可谓无菊不成节。

菊花在重阳节的另一重要功能为饮酒之用。汉代长生不老思想盛行，人们认为菊花可辅体延年，因此又称它为“延寿客”。《西京杂记》里记录了制作菊花酒的方法：“菊花舒时，并采茎叶，杂黍米酿之，至来年九月九日始熟，故谓之菊花酒。”后来的菊花酒，既有酿造的菊花酒，也有将菊花放入酒中的泛酒。《辇下岁时记》载重阳节簪菊习俗：“九日，宫掖间争插菊花，民俗尤盛。”南宋杭州人重阳日也有“泛萸簪菊”的习俗。

重阳节还要赏菊。元稹《菊花》诗说："不是花中偏爱菊，此花开尽更无花。"冬季即将来临，菊花最后的绚烂引发无数诗人的感怀。

菊花如我心，九月九日开。
客人知我意，重阳一同来。

九月重阳节，开门见菊花。
诗到重阳日，还来就菊花。

九月九日望遥空，秋水秋天生夕风。
寒雁一向南飞远，游人几度菊花丛。

宋代的笔记中还记录了当时更为详尽的赏菊情景。《梦粱录》："年例：禁中与贵家皆此日赏菊，士庶之家，亦市一二株玩赏。其菊有七八十种，且作重九久。"清朝时，燕京富贵人家以菊花数百盆堆成九花山子和九花塔。苏州人则喜欢瓶插菊花以供欣赏，还将千百盆菊花堆叠成菊花山。

第八章

禁忌习俗

在蒙昧时代，人类生存环境十分恶劣，在严酷的大自然面前，人类显得非常渺小，对很多自然现象无法解释，人们认为在俗世之外可能存在一个神灵世界，它们拥有一种不可理解的神秘的超自然力量，即“玛那”（Mana），在支配、影响着俗世生活，因而，“原始人在具有玛那的人或场面前产生了敬畏、惊奇、恐惧、神秘之类的感情，把它们视为不寻常的神圣物，产生了一种把这种超自然力变为无害的、友好的冲动。”于是，禁忌规定由此产生。

在蒙昧时代，人类生存环境十分恶劣，在严酷的大自然面前，人类显得非常渺小，对很多自然现象无法解释，人们认为在俗世之外可能存在一个神灵世界，它们拥有一种不可理解的神秘的超自然力量，即“玛那”（Mana），在支配、影响着俗世生活，因而，“原始人在具有玛那的人或场面前产生了敬畏、惊奇、恐惧、神秘之类的感情，把它们视为不寻常的神圣物，产生了一种把这种超自然力变为无害的、友好的冲动。”[①] 于是，禁忌规定由此产生。随着人类文明的快速发展，人类认识、征服自然能力的增强，许多禁忌都在不断淡出人们的视线，但作为一种民俗现象，并没有完全消失，有的已经发生转化，成为一种风俗仪礼仍存在于人们的现实生活之中。

① 万建中：《禁忌与中国文化》，北京：人民出版社，2001 年第 1 版，第 22 页。

禁忌：欲说还羞的神秘之谜

◇禁忌释义

当孩子呱呱坠地之后，诸多禁忌时时伴随着他：不管他是不是喜欢蓝色，偏偏睡的席子必须是蓝的，为的是拦住他，不被病魔饿鬼“收去”。新生儿百天或周岁举行的仪式中最为流行的是挂长命锁。锁是一种起封闭作用的器具，门、箱等一旦上锁，就只有用钥匙才能打开。在小孩胸前挂锁，其意义就在于锁住小孩的命，避免病魔疫鬼侵入危害小孩。人们认为小孩一旦戴上了锁，就能无灾无祸，平安长大。所以，这种锁又称作长命锁。煮长面条有许多麻烦，可满月的面条一定要越长越好，为的是让孩子长命百岁。到了周岁，孩子高兴地一扬手，无意识地抓了个小镜子，可围在周围的爸爸、妈妈、爷爷、奶奶却说孩子从小爱美。孩子脱落了牙齿，爸爸妈妈叮嘱要趁着天黑把脱落的牙齿扔到屋顶上，让老鼠帮他把牙齿交给神仙，让掌管牙齿的神仙给他重新换上一颗新牙齿。同时，永远不要告诉别人落牙丢在哪里，也不要告诉任何人今天换牙，因为有很多人等着长新牙，他们会叫老鼠把牙齿偷走。在本命年，为了辟邪躲灾，人们喜欢穿红衣服。民间认为红色是太阳的颜色，是血的颜色，是火的颜色，这些为本命年辟邪的红色什物，就是人们常说的“本命红”。

禁忌如同一张网，我们每个人都活在禁忌之网中。“在你老态龙钟，甚至死了以后，这张无形之网仍会罩着你。禁忌自古至今无时不有，东西南北无所不在。它是一种历史悠久且极其复杂的民间社会文化现象。”①

那什么是禁忌呢？禁忌是一种世界范围的民俗事象，国际学术界把禁忌现象统称为“塔布”。塔布原是南太平洋波利尼西亚汤加岛人的土语，其基本含义是“神圣的”和“不可接触的”，也就是说，禁忌起码有两个方面的意义：首先，是“崇高的”、“神圣的”，另一方面是“神秘的”、“危险的”、“禁止的”、“不洁的”。对神圣、崇高的禁忌一般是指对神灵、天体、地上的奇山、怪石古树等物的禁忌，对刮风下雨、冰雹雪霜、地震、海啸、泥石流等自然现象的禁忌，以及对帝王、祖先、长辈的禁忌等。对“不洁”、“危险”事物的禁忌，一般是指对鬼魂的禁忌、对不洁物、不幸人、乱伦的禁忌，对疾病、死亡、天灾、人祸、贫穷、困顿、败落等不祥事物、现象和可能联想或涉及这些灾祸的一切事物、言行的禁忌。

从波利尼西亚语对塔布的理解来看，塔布具有某种不可

---

① 万建中：《禁忌与中国文化》，北京：人民出版社，2001年第1版，第3页。

接近之物的含义，这种含义主要是以各种禁忌和限制的形式表现出来。

奥地利著名心理学家弗洛伊德也曾对禁忌作过深入的研究，他在《图腾与禁忌》这本专著中指出：

“塔布”这个词意指一切，不论是一个人、一个地方、一件物品还是一种短暂的状态，都是这种神秘属性的载体或源泉。它也意指那些源自这种神秘属性的禁忌。最后，它还具有“神圣的”、“不洁的”以及“神秘的”等诸多意涵。①

在中国，对禁忌的看法也有类似性。东汉班固在《汉书·艺文志·阴阳家》记载：

阴阳家者……敬顺昊天历象日月星辰，敬授民时，此其所长也。及拘者为之，则牵于禁忌，泥于小数，舍人事而任鬼神。②

这可能是关于“禁忌”一词的最早记录，这说明“禁忌”一词在东汉或更早已经产生和使用了，并且从那时起，禁忌便与宗教、祭祀、鬼神关系密切。《后汉书·朗顗传》也有“臣生长草野，不晓禁忌，披露肝胆，书不择言”的记载。

---

① ［奥］西格蒙德·弗洛伊德著，赵玮译：《图腾与禁忌》，上海：上海人民出版社，2005年第1版，第32页。

② 上海书店编：《二十五史》（第1册），上海：上海古籍出版社，1986年第1版，第530页。

在古代汉语中，“禁”与“忌”是意义相近的两个词。“禁”是“禁止”，即“不允许”的意思，“忌”是一种因害怕或憎恶而力求避开的心理状态。许慎在《说文解字》中对这两个词的含义是这样解释的：

禁，吉凶之忌也。从示，林声。

忌，憎恶也。从心。己声。

《说文解字》对“示”字的解释是：

示，天垂象见吉凶，所以示人也。从二（二，古文上字）；三垂，日月星也。观乎天文，以察时变，示神事也。凡示之属，皆从示。

从以上分析我们可以认识到，禁忌是人们对神圣的、不洁的、危险的事物所持态度而形成的某种禁制。禁忌是先民源于对某种神秘力量的畏惧而对自己的言谈举止、行为方式所作的种种限制，是为了趋吉避凶、免于招致“神力”惩罚而采取的消极防范措施。但是禁忌限制的对象不是他人，而是自我。

“禁忌是人们对某些言行及其方式的自我限制，它不仅来源人们对某种神秘力量（‘天神’或‘玛那’或某种尚未被认识的事物）的畏惧，而且也包含着人们在与大自然作斗争中长期积累的经验，以及在长期的人际交往中所形成的社会礼俗。"[①] 因此，有些禁忌是对神秘力量的敬畏，消极的成分多一些，而有些禁忌则是对自然、社会的敬畏，积极的成分多一些。

◇禁忌由来

关于禁忌的由来，大体上有四种不同的认识：一是对灵力的崇拜和畏惧；二是对欲望的克制和限定；三是对仪式的恪守和服从；四是对教训的总结和记取。简称之，可分为灵力说、欲望说、仪式说和教训说。

• 灵力说

认为禁忌的根源与灵力（"玛那"，又译"曼那"、"马拉"等）有关，禁忌是从鬼魂的崇拜中产生的，鬼魂和精灵都被认为是具有灵力的，因而附着有灵力的人或物，也被认为是"似魔鬼的"、"不可接触的"。禁忌起源于"当心魔鬼的愤怒"，一般说来，灵力说更多着眼于禁忌的原始状态和原始的禁忌状态。

• 欲望说

将禁忌的起源归结为心理上对欲望的抑制，因为"一件

① 杨宗等主编：《中国实用禁忌大全》，上海：上海文化出版社，1991 年第 1 版，第 4 页。

强烈禁止的事情，必然也是件人人想做的事情”，但是作为“社会的人”便要对欲望进行某种抑制。这种对欲望的抑制，便是禁忌的根本来源。欲望说主要是从心理学上对禁忌来源的追溯，强调了禁忌中“抑制”的一面。

● 仪式说

禁忌来源于仪式无理的社会规定性。仪式规定的禁忌是人们必须无条件服从的一种禁制。如果说仪式的规定性还有什么意义的话，那就是要确保该种仪式顺利、圆满地完成，亦即确保这一仪式所标明的意义能够完全地、丝毫不打折扣地被认可。有时候，人们注重的甚至不是违反禁忌以后能够带来什么样的恶果，而是禁忌的执行是否完全按照仪式的规定去做了。仪式说从社会学的角度对禁忌的由来作出了说明。

● 教训说

认为禁忌来源于人们对某种偶然因素的共同的误解，把它作为教训来加以记取。由于早期人类的愚昧和科学的不发达，这种推导往往造成偏差，从而形成人们对某种“偶然因素”的共同的误解。这种“共同的误解”而得出来的“教训”，也是形成禁忌的一个缘由。教训说是从认识论方面对禁忌由来的一种追溯。它指出，禁忌的产生反映了人们认识活动中的某种偏差，但在人们的认识发展中却又是一个不可缺少的过程。

以上认识既带有它们各自学科理论认识方面的优势和特色，又存在某些明显的不足和偏颇。因而，对禁忌习俗的由来或起源，需要结合以上四种认识，互为补充、互相参照，才能得出比较全面、客观的认识。

总的来说，禁忌产生的最初原因，归结为人类社会伊始，生产力和认识水平极端低下，原始人类认为冥冥之中有一种无形的力量束缚着人类的一切。“这种由于对自然物、自然力的崇拜、敬畏与恐怖，而人自觉不自觉地恪守一些禁制，期望通过这种自我约束的信仰形式，把自然界种种‘异己’的力量，转化成‘顺己’、‘助己’的力量，获得神灵的恩赐和避免惩罚，从而形成了最早的禁忌习俗。”① 这种对禁忌的解释也是关于原始宗教诞生的一个有力解释，但是禁忌种类繁多，其产生原因也多种多样。有些是和一定历史时间或历史原因联系在一起的，如寒食节的禁火，就是为了纪念和悼念春秋时期晋国大臣介子推的舍身赴义；有些禁忌恰恰是人们的一些有意识的作为，如宗教禁忌仪式或行为的产生，目的是为了增加其信仰的正当性。

① 万建中：《禁忌与中国文化》，北京：人民出版社，2001 年第 1 版，第 64 页

禁忌礼仪：萦绕日常生活的俗信

由于禁忌涵盖面之广，几乎遍及人类生活的所有方面，所以不存在统一规范的禁忌分类方法。从人的实践活动来分，禁忌可分为生产行业的禁忌、社交禁忌、岁时禁忌和日常生活禁忌等。

日常生活的禁忌，人们通常叫“妈妈经”，往昔妈妈们多半目不识丁、胸无点墨，但她们通过和街坊邻居长期交流，却自有一套口耳相传、奉行唯谨的典则，亦即所谓“妈妈论儿”、“妈妈大全”之谓。

◇行旅禁忌

旧时人们认为，人在行旅途中的安全是由神掌管着的，古时有路神（亦称道神、行神）的信仰。其神为谁，说法不一。一说是共工之子，名修；一说是黄帝之子，称为嫘祖。《礼记·祭法》中“王为群姓立七祀”，“诸侯为国立五祀”，“大夫立三祀”，“适士立二祀”，其中都有行祀一项。可见古时祭祀，适士以上至诸侯、王，皆有行道之祭。“庶士、庶人立一祀，或立户，或立灶。”古代礼法制度上的这种隆重的祭行之礼，仍是出于对路神的敬畏。

外出行旅，第一件重要的事情是选择一个出行的吉日，出行前要礼敬日神、月神、天神、路神等，以求得神灵的保佑，否则出门必定招致灾祸。俗语云："在家不敬月，出门招风雪。"按乡俗礼仪，出门回家各有宜忌。俗有"日逢三六九，不问出门走"，"初五、十四、二十三，太上老君不出鞍"，"七不出门，八不回家"之说，可见三、六、九乃是吉日，忌讳逢七逢八和月忌日（初五、十四、二十三）出行，这是民间较为普遍流行的最为简单的择吉方法。还有杨公①忌，也是专门避忌出行的日子，具体日期为：农历正月十三、二月十一、三月初九、四月初七、五月初五、六月初三、七月初一、七月二十九、八月二十七、九月二十五、十月二十五、十一月二十一、十二月十九，相隔均为二十八天，这些日子都是禁忌出门离家的。

出门在外吃饭，也有许多禁忌，如不要先喝汤，不要端着碗喝汤，要用匙，不要泼了汤，不要掉落了筷子，不要打破了碗，还有"出门千里，不吃枸杞"。

在山路上行走，若有人呼唤自己的名字，千万不能答应，也不能回头看，民间以为这可能是鬼魅在试探。人名为人体的一部分，若是答应了，灵魂便为鬼魅所逮，人将遭不测。

---

① 即杨筠松，古窦州人，唐僖宗时，官至金紫光禄大夫，掌灵台地理事。《四库全书·钦定协纪辨方书》卷三十六《辩能》"杨公忌"词条有："世俗多畏杨公忌，通书亦多载之。谓其日不宜出行，举事，犯之不利。皆因未悉其原委，故为所惑耳。今按其说，乃是室火猪日，其术元旦起角宿，依二十八宿次序，顺数，值室宿之日即为杨公忌。"

行路时，还忌讳遇上殡葬的，民间以为不吉利；禳解之法可将衣帽脱下，扑打数次，谓之“散晦气”。在山里，旅行者也忌讳遇见瘴气。

出行时尽可能选在白天，夜晚行走比较忌讳，可能遭遇不测，或遇鬼祟侵扰，或遇强人掠夺。俗语云：“爱走夜路，总要撞鬼。”过去，夜行遇鬼的故事在民间流传甚广。豫北濮阳就有个流传甚广的“鬼修城”的传说：

很多年前，有一人夜间独行。当他路过戚城村的北边时，发现一大片暗蓝色的灯火。灯光下，隐隐约约看到有很多人在修城。只见成千上万的人在忙碌着，有的抬土，有的打夯，有的像是监工来回巡视，所有的人来来往往忙个不停。这个人很是纳闷，不觉自言自语地说：“嘿！什么工程抓这么紧，这么多人连夜修？”话还没说完，所有的灯光突然消失了，那么多人也不知道都到哪里去了，只留下一座没有完工的土城。正因为这个城未完工被生人“冲散”了，所以城墙有的地方高，有的地方低，连城门都没来得及装上，只是在城门的地方留下了豁口。自此人们都认为是鬼在这里修的城，只在种庄稼和收庄稼的时候成群结伙地进去，平常没人敢单独进去。

◇言语禁忌

“言语本是一种社会交际工具，人们利用它交流思想，传递信息，达到彼此之间的了解。可是人们在运用言语表达自己的思想情感时，往往会遇到一些言语障碍，其中之一是一些语言在某些场合不能随意使用。人们害怕这些语言会带来灾祸，或给人以不祥的预兆。此心理导源于原始初民对于超自然力的恐怖与敬畏的信念，以为某种灾害的发生是由于人类无法把握的力量的影响。中国百姓崇信自己的言语中有魔力，对于语言和事物不能明确分开，以为语言即是它所表达的人和物本身。”① 言语禁忌由此产生。言语禁忌的目的是为了防止灾难或不吉祥的发生，从而限制自己的言行。言语禁忌发展到今天，其原有形态的功用已经淡化，而成为“讨口彩”的一种语言风俗现象或民众避祸求吉心理诉求的显性展示，和真正灾祸并没有直接的联系。言语禁忌具有鲜明的地方性，类型多样，其转化形式是用一些吉祥的词语代替。

对噩耗、凶信、伤亡、离散、伤病等，人们往往要换个吉利的词改说。对于人的死亡，客家话里一般不直接说“死”，而说“过身”、“唔在咏”（不在了）、“转妹家”（回娘家）、“骨头都打鼓啄”（比喻死去多年了）等。四川方言

① 万建中：《中国民间禁忌风俗》，北京：中国电影出版社，2005 年第 1 版，第 35 页。

忌言“生病”，对大人生病一般都说“不好了”，小孩生病则说“变狗了”。古代帝王死了，要用“崩”、“崩卒”、“驾崩”及“山陵崩”等词语，喻示帝王是江山的顶梁巨柱，其死绝不能等闲视之。军士打仗受伤叫“挂彩”，南方叫“带花”，意指受伤扎了绷带。上海郊县恋人常忌言“梨”、“伞”，而将它们比喻为“圆果”、“竖笠”，是忌讳“离散”的意思。对破财，人们很忌讳，尤其是商人，因而要用反义语改说。如广州话“舌”和“蚀本”的“蚀”同音，所以把“舌”叫做“月利”，猪舌叫“猪月利”，取其“利”字之音，达“利”字之义；在南昌，猪舌叫“招财”，温州叫“猪口赚”，意义更明确。对于一些生理现象，人们往往用文雅的词语代替：如在公共场所，尤其在餐厅里，有人要上厕所，而“厕所”一词不能登大雅之堂，于是人们就说“上洗手间”、“净手”、“上一号”、“去 WC”或“方便一下”等。

◇房宇禁忌

新房屋一旦盖好，室内就要住人。俗以为新房忌空室，不然会有鬼祟。据《台湾风俗志》记载，瘟疫鬼的居所，依日时不同，常在室内各处，如中庭、东西壁下、床上、床边、灶前、堂前等。如果不知瘟疫鬼何时正在何处，乱动乱撞室内东西，便会受其祟患，染上疾病。

汉族最重子嗣，屋门与家门一致，因而民间忌讳常关屋门，唯恐“关门绝户”。又以为门槛是家神凭依之处，故忌坐、踏、站在上边，尤忌用刀砍或以刀砧在上边砍东西，否则，家中会招灾异，或破财。但大门禁忌白天不打开，侧门、后门和堂内的房门却不忌讳。内室的门要么打开，要么关上，不许半开半闭。

房屋是供人们睡眠休息的空间。在室内休息时，禁忌烘着火大睡，俗说“房里无人莫烘火，烘火犹恐埋头睡”。不然的话，会失火烧毁房屋的。睡觉时也忌讳头朝窗户，或头枕窗台、门槛。《风俗通义》云：“俗说卧枕户砌，鬼陷其头，令人病癫。”

住房的格局也很讲究，如大门建在商墙之中向南，又正对堂屋门，则被认为是“水火相克”；如衙门或商屋门正对堂屋窗时，谓之“门对窗，人遭殃；窗对门，必伤人”。忌对面山墙正对大门，也忌对面房子的后窗正对大门上的门鼻，以上情况须挂铜镜才能破解，但镜子不能照到别人门上，否则容易引起纠纷。鸡窝垒在正屋的屋檐下，谓之“双落泪”，不吉利。小孩忌捅屋里的燕子窝，说捅了要瞎眼的。

◇服饰禁忌

几乎从服饰产生时起，人们就把生活习俗、审美情趣、宗教观念、文化心态等都沉淀于服饰之中，而不同的民族文化圈有着不同的禁忌规约，因而服饰就成为禁忌民俗最为直观的显现。服饰的禁忌主要表现于服饰的颜色、款式及穿戴等方面。

• 颜色禁忌

在衣服颜色方面，古代有一套正规的服饰仪礼制度来加以规范。古时人们就有重正色、轻间色的传统，《礼记·玉藻》："衣正色，裳间色。"所谓正色，是指青、赤、黄、白、黑五种纯正颜色，其他色彩如红、绿、碧、紫等都被视为间色。"大抵以紫、绯、绿、青四色为定官品之高卑者，实始于隋唐。"① 统治阶级经过反复更改，对服饰的颜色有了明确详尽的规定，朝廷一、二、三品穿紫色，四品穿深绯，五品穿浅绯，六品穿深绿，七品穿浅绿，八品穿深青，九品穿浅青，其他不入品的杂役、士卒、庶人、商贾等只能穿黑、白二色，形成了黄、紫、朱、绿、青、黑、白构成的服饰颜色序列。因此，服饰不仅仅用来遮羞御寒，还成为社会结构、地位等级及风俗仪礼的文化标志，可以说"以服色辨官品，是中国古代官服制度中最具政治色彩的重大特征"②。

受上层礼服制度的影响，汉族民间以黄色为贵色，而以

---

① 李当岐：《服装学概论》，北京：高等教育出版社，1990 年第 1 版，第 202 页。

② 华梅：《中国服装史》，天津：天津人民美术出版社，1999 年第 1 版，第 75 页。

白、黑色等为凶色。《礼记·曲礼》："为人子者，父母存，冠衣不纯素。"意思是说：父母在世时，做儿子的，帽子和衣服不敢以白绸镶边。在服丧期间，禁忌穿着红装、彩服，以白色为孝服。根据与死者的亲疏远近关系，人们的服色也有所不同。

民间还有男子不戴绿头巾、绿帽子的习俗，因为元明清时只有妓、优伶等"贱业"中人才以绿色为服色。

● 款式禁忌

款式禁忌，主要是指一般普通民众的衣冠制作式样中有关信仰的禁忌。与衣冠款式有关的禁忌原则有两点：一是裸露的禁忌原则，二是"身体发肤，受之父母，不敢毁伤"的禁忌原则。

裸露肉体是中国封建礼教严格要求避忌的。在服饰款式方面，民间有"男不露脐，女不露皮"的说法。直到 20 世纪初期，在崇洋服饰的趋向下，知识分子的服饰开始逐步开放，女性的身体开始裸露，展示其身体的曲线美，男性的服装也以西装为主体，有了现代气息。

当然，民间的这种变换比较慢，而且各地有不同的服饰款式禁忌，在山东一带，过去禁忌衣服的下摆有毛边，说那是丧服的样式，恐不吉利；又忌讳衣服的扣子为双数，俗说"四六不成材"，认为扣子双数会影响到穿衣人的事业成功。

民间做寿衣时，款式方面也有禁忌，如衣服的袖子要长，须将手完全遮住；忌讳袖短露手，否则将来儿孙会衣不遮体的。贵州布依族未婚男子会在衣襟或衣扣上拴红线一缕，已婚男子则禁用红线系襟扣，未婚女子腰间丝带和胸前的围兜上都绣着红花，已婚女子则禁用绣红花的丝带和围兜。西北地区汉民的衣服禁忌短小，上衣一般都要过膝，裤脚要到脚面等。

当然，这种服饰禁忌现在基本都不存在，即便有少量存在，更多是为了仪式表演或文化展示。

● 穿戴禁忌

过去，穿戴服饰也要遵循一定的礼制习俗。衣冠忌穿着随便，尤其忌讳穿戴异常，如反穿衣、反悬冠等。河南沁阳一带有“反穿罗裙，另嫁男人”的说法，女人只有在改嫁时才能反穿罗裙，若平时反穿罗裙，就很不吉利。有些地方亲人死后有反穿衣的习俗。许多地方，给死人穿寿衣，并不直接穿在死者身上，而是先让孝子或亲属反面层层穿好，再剥下来一次穿到死者身上。于是，平日里就特别忌讳将衣服反穿着。旧时，又有人死后反戴帽子的。据《无何集》载“毋反悬冠，为似死人服”，可见反悬冠也是凶相，所以禁忌。穿戴不能随便，还包括忌穿别人穿过的衣服，很多民族都有这种忌讳。南方沿海一带也有类似习俗，甚至忌讳晾干的衣服不收下来叠好，老是在衣竿上挂着，一段时间后又直接穿在身上，认为这样人会变成“竹竿鬼”。

禁忌类型多样，即便是日常生活禁忌，覆盖面也非常广泛，除上述四种类型禁忌外，还包括饮食禁忌、交往禁忌、行为禁忌等。所有这些禁忌都是时代的产物，随着社会发展和人类认识水平的提高，禁忌的内容和范围都会逐渐淡出人们的视线。

附录

延伸阅读

传统的风俗礼仪内容之丰富，难以一一列数。为弥补这一缺憾，也为了方便读者查阅资料或者阅读原著，特精选十二种相关的典籍，并予以简明介绍。希望这种“滚雪球”式的读书方法能给读者带来更广阔的学术视野。

《周礼》是一部儒家经典，本名《周官》或《周官经》，相传为周公旦所著。它详细介绍了周朝的各种礼仪、政治思想体系和官吏制度，为我们研究当时的政治、经济、文化、民俗、制度等提供了丰富的资料。

《周礼》共6篇，分别记载天、地、春、夏、秋、冬六官。其中《冬官》亡佚，后补入《考工记》。它所记载的礼的体系非常系统，既有祭祀、朝觐、封国、巡狩、丧葬等国家大典，也有用鼎制度、车骑制度、服饰制度等具体规制。

杨天宇著

《周礼译注》

上海古籍出版社

2004. 1

《仪礼》原名《礼》，汉代又称《士礼》、《礼经》，是记录我国上古时期礼仪的一部重要典籍，与《周礼》、《礼记》一起合称“三礼”。

《仪礼》共17篇，分为冠婚、朝聘、丧祭、乡射等四类，另有《古文仪礼》56篇，已经失传。《仪礼》主要记载贵族子弟成人、结婚和社会交往的各种礼节，国君、诸侯、大夫等上层社会的活动以及丧葬祭祀的礼节。后世历朝历代礼典的制定，大多以《仪礼》为重要依据。

《仪礼》开篇是《士冠礼》，即现在所谓的成年礼，行成年礼意味着一个人开始独立地承担自己的责任，参与各项社会事务。

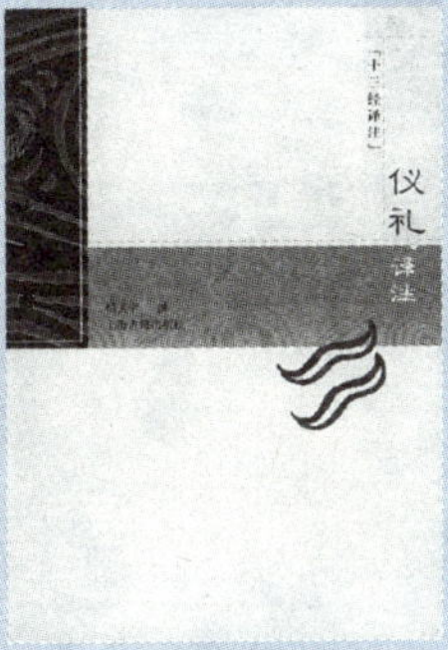

杨天宇著

《仪礼译注》

上海古籍出版社

2004. 7

《礼记》收录了先秦儒家七十子及其后学的礼学文献，其中多数篇章是孔子和他弟子的问答，记述修身做人的原则。

《礼记》全书都用散文写成，许多篇章具有较高的文学价值，大多用短小精悍的故事讲述一个深刻的道理。书中大量的哲理名言千百年来广为流传。

东汉末年，郑玄为《小戴礼记》作了注解，这一选本从此广为流传，并由解说经文的著作逐渐成为经典。唐代，《礼记》被列入“九经”，宋代被列入“十三经”，成为士子们必读的经书。

杨天宇著

《礼记译注》

上海古籍出版社

2007.4

《阳羡风土记》为西晋阳羡人周处所作，是我国最早一部专门介绍地方气候节令、地方物产、风土习俗的著作。书中还记载了丰富的岁时节日习俗，诸如元日、上巳、端午、七夕、重阳和腊日。

《阳羡风土记》经过历代学者的补充和校注，已经成为民俗研究的重要文献资料，对后世民俗礼仪的研究具有重要意义。

清光绪至民国间

《粟香室丛书》

江阴金氏刊本

《风俗通义》也称《风俗通》，是我国第一部以“风俗”命名的民俗学著作，作者为东汉人应劭。

《风俗通义》现存皇霸、正失、愆礼、过誉、十反、声音、穷通、祀典、怪神、山泽10卷，其内容以考证历代的典章制度、风俗传闻为主，并记载了许多关于音律、乐器、祭祀、山川河流、姓氏源流的资料。

《风俗通义》是研究我国古代社会礼仪、历史文化、民俗生活的重要资料，书中应劭还提出对风俗的看法和研究风俗的目的。

应劭著　吴樹平校释

《风俗通义校释》

天津人民出版社

1980. 9

《荆楚岁时记》是记述我国古代荆楚地区岁时节日风俗、风物故事的专著。作者为宗懔。

《荆楚岁时记》以时间为序，记述了从元旦到除夕的二十四节令和时俗。后来隋代的杜公瞻为该书作注，并有意识地将《荆楚岁时记》中所记载南方风俗与北方风俗进行比较，对我们了解南北朝后期我国南北方岁时民俗有很大帮助。

《荆楚岁时记》所记载的许多源于荆楚地区的节日习俗，后来以各种形式流传到全国，成为中华民族岁时节令文化的重要组成部分。

宗懔著　宋金龙校注

《荆楚岁时记》

山西人民出版社

1987. 9

《酉阳杂俎》是唐代笔记小说，保存了唐朝大量的珍贵历史资料、遗闻逸事和社会民俗风情。作者为段成式。

《酉阳杂俎》内容广泛，包罗万象，举凡神仙鬼怪、人情百态、动物植物、寺庙佛塔、天文地理，无不囊括其中。

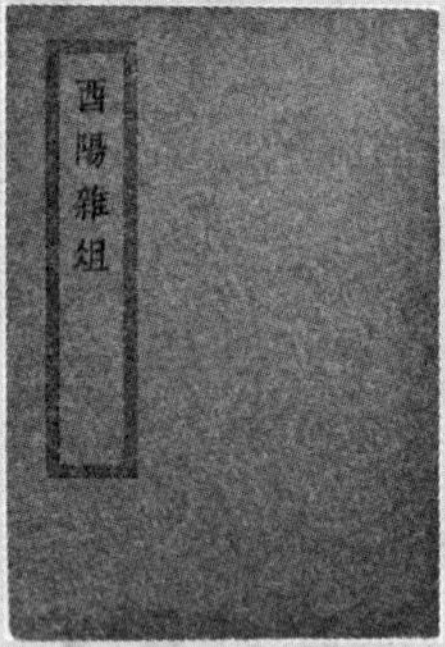

段成式著

《酉阳杂俎》

上海商务印书馆

（四部丛刊初编缩印本）

《茶经》是中国乃至世界现存最早、最完整的介绍茶的专著，被誉为“茶叶百科全书”。作者为陆羽。

《茶经》是一部介绍茶叶生产历史、源流、现状、生产技术以及饮茶技艺，茶道原理的综合性论著。它是中国古代专门论述茶叶的重要著作，在一定程度上推动了中国茶文化的发展。陆羽一生嗜茶，精于茶道。公元760年，为避安史之乱，他隐居浙江苕溪（今湖州）。期间经过长时间认真调查、实践和总结、悉心研究了前人栽培和加工茶叶的经验，撰写了《茶经》一书。

陆羽著 沈冬梅编著

《茶经》

中华书局

2010.9

《东京梦华录》是研究北宋时期都市社会生活、经济文化的一部重要历史文献。作者为孟元老。

《东京梦华录》内容大多是宋徽宗崇宁到宣和（1102—1125）年间北宋都城东京的情况，反映出当时都城文化、手工业作坊、商业、交通的发达情况和这一历史时期居住在东京的上至王公贵族、下及庶民百姓的日常生活图景。

孟元老著

《东京梦华录》

古典文学出版社

1956. 11

《梦粱录》与南宋周密的《武林旧事》均为了解宋代都市民俗的重要资料。作者为吴自牧。

《梦粱录》反映了整个南宋时期的临安（今浙江杭州）的城市风景和市井风物，对临安的城市景观、地理环境、里巷风俗、朝廷祀典、文化活动均有描述。

吴自牧著

《梦粱录》

浙江人民出版社

1980.8

《岁时广记》是一部记述南宋以前岁时节令的民间著作，为宋末元初陈元靓所作。它是研究岁时民俗的一部重要资料汇编。

《岁时广记》以《月令》、《孝经纬》、《三统历》等书为纲目，以各类杂书所记关于节序的内容按月分类编排，其中春令46条，夏令50条，秋令32条，冬令38条。该书所引典故都详细记录原文，并标明出处，这一点是最宝贵的地方。

陈元靓著

《岁时广记》

中华书局

1991. 1

《朱子家礼》是明代重要的一部儒家礼书，被视为民间社会的礼仪指南。作者朱熹，是著名的思想家、教育家、经学家，宋代集理学之大成者，南宋“闽学”的创始人。

《朱子家礼》共五卷，分别为通礼、冠礼、昏礼、丧礼和祭礼，其中后两卷内容稍多。它详细规范了人们的居家日常礼仪，如岁时祭祀、男冠女笄、婚丧嫁娶等礼仪。

《朱子家礼》

清光绪十七年

湖南思贤讲舍五卷本

刻本

后记 HOU JI

每个人都生活在礼仪和风俗之中，现代社会人们生活节奏加快，但我们不能忽视乃至忘记礼俗的存在。我们的祖先创造了丰富的传统文化，它不是僵死的文化，它对中国每个人的个人生活和社会生活都有影响，其中传统风俗礼仪对民众的思想道德，家庭伦理、个人修养的养成都有重要的作用。但传统文化在当今社会受到不同程度的忽视和冲击。以节日习俗为例，全球化和现代化的冲击带来国外节日在国内的兴起，年轻人越来越钟情于过“洋节”，平安夜歌厅舞厅人满为患，圣诞节人们在广场彻夜狂欢，情人节的大街小巷玫瑰飘香。但中国的春节、元宵节、寒食节、清明节、端午节、中秋节、重阳节等，这些节日反而相对冷清。中国传统节日有着丰富的内涵，对人们的道德培育和社会风气的形成都有不可替代的价值。春节团圆、清明祭祖、重阳思乡……这不仅仅是传统习俗的简单延续，还承载了丰富的传统伦理道德和文化蕴含，所以恢复和复兴传统节日的呼声在社会上越来越强烈。从2008年开始，国家规定一些传统节日为法定节假日，清明、端午、中秋各放假一天，保障了人们有时间去参与假日活动，从而也在一定程度上引发民众对传统节日习俗的关注，促进了节日文化的传承。

除了节日风俗礼仪之外，中国古代的风俗礼仪有着丰富的内容。本书第一章介绍了中国古代传统礼俗的发展历史过程，第二章至第八章主要以列举的方式分门别类地介绍、展示和分析了中国古代传统礼俗的基本面貌，涉及人生礼仪、服饰、饮食、居住、敬老、节日、禁忌等多个方面。由于篇幅的限制，同时因为许多古代的礼仪距离我们生活太远，我列出的这些专题，主要是与日常生活密切相关的习俗惯制。读者对这些内容可以说是既熟悉又陌生，通过阅读一定会使我们对古代中国传统风俗礼仪的理解有新的认识，同时对当今的生活产生一种认同的理解。

本书在写作过程中，尽量不使用艰涩的词汇，而是在平实的语言中展示中国古代的风俗礼仪，所举事例也是人们生活中普通而常见的例子。在我看来，中国古代的风俗礼仪有很多值得学习和继承的地方，其中不仅充满生活的情趣，而且有丰富的蕴含，仔细研究，能让我们发现日常生活的意义。由此，让未成年人对当今社会的风俗礼仪保持清醒的认识，知道哪些应该继承和发扬，哪些应该抛弃和否定。

最后，我要衷心感谢傅书华老师和段友文老师，有了他们的催促，我才能完成此书。另外，写作过程中，还得到同学、朋友尤其是好友刘爱华和师妹何思琴的帮助，在此一并表示谢意。当然，书中难免有错漏之处，还望大家指正。